Friedrich-Ebert-Stiftung
Abteilung Arbeit und Sozialpolitik

**Gesprächskreis Arbeit und Soziales
Nr. 97**

Europäische Einwanderungs- und Flüchtlingspolitik

ISBN 3-86077-887-0

Herausgegeben vom
Wirtschafts- und sozialpolitischen Forschungs-
und Beratungszentrum der Friedrich-Ebert-Stiftung
Abt. Arbeit und Sozialpolitik
53170 Bonn
März 2001

Umschlag: Pellens Kommunikationsdesign GmbH, Bonn
Druck: Toennes Satz + Druck GmbH, Erkrath
Gedruckt auf 90 g chlorfrei gebleicht Offset
Printed in Germany 2001

Inhalt

Ursula Mehrländer
Vorbemerkung.. 5

Günther Schultze
Zusammenfassung.. 7

Cornelie Sonntag-Wolgast
**Europäische Einwanderungs- und Flüchtlingspolitik:
zunehmende Bedeutung für die nationale Politik**.................... 11

Klaus Sieveking
**Einwanderungs- und Flüchtlingspolitik: neue Perspektiven
nach „Amsterdam"**.. 21

Margot Kessler
**Europäische Einwanderungs- und Flüchtlingspolitik: Initiativen
des Europäischen Parlaments**.. 47

Jan Niessen
**Die Europäische Union und der Kampf gegen den Rassismus
nach dem Vertrag von Amsterdam**................................... 61

Referenten, Tagungs- und Diskussionsleitung..................... 67

Vorbemerkung

Mit dem „Amsterdamer Vertrag" wird ein neuer Meilenstein im Prozess der europäischen Integration gesetzt. Regelungen und Entscheidungen auf der europäischen Ebene erhalten eine immer größere Bedeutung für die nationale Politikgestaltung. Besonders deutlich wird dies für die Einwanderungs- und Flüchtlingspolitik. Sie wird zukünftig Gegenstand gemeinschaftlicher Entscheidungen und damit bindend für alle Mitgliedsländer der Europäischen Union.

Mit dem weitgehenden Wegfall der Personenkontrollen an den Binnengrenzen der Europäischen Union hat sich sehr schnell die Grenze nationalstaatlicher Souveränität gezeigt. Entscheidungen eines Landes tangieren zwangsläufig die Interessen aller. Der Aufbau eines europäischen „Raums der Freiheit, der Sicherheit und des Rechts" erfordert eine gemeinsame europäische Politik. Es hat sich die Erkenntnis durchgesetzt, dass Fragen der Zuwanderung, der Gewährung von Asyl, der rechtlichen und sozialen Stellung von Drittstaatsangehörigen und der Bekämpfung von Fremdenfeindlichkeit und Diskriminierungen nur noch auf europäischer Ebene beantwortet werden können. Es ist aber keine leichte Aufgabe, einheitliche Regelungen für alle Mitgliedsstaaten der EU zu formulieren. Traditionen, gesellschaftlich gewachsene Strukturen und historische Verpflichtungen sind in den einzelnen Ländern sehr unterschiedlich und erschweren eine Harmonisierung. Es stellt sich deshalb die Frage, wie eine europäische Einwanderungs- und Flüchtlingspolitik aussehen kann und welche sozialen und rechtlichen Standards ihr zugrunde liegen sollen.

Auf der Fachkonferenz des Gesprächskreises Arbeit und Soziales der Friedrich-Ebert-Stiftung am 16. Oktober 2000 in Berlin haben wir anhand einiger aktueller europäischer Initiativen diese Themen erörtert. Die informativen Beiträge dieser Konferenz stellen wir hiermit der interessierten Öffentlichkeit zur Verfügung.

Bonn/Berlin, März 2001 *Dr. Ursula Mehrländer*

Günther Schultze

Zusammenfassung

Der Vertrag von Amsterdam überführt wesentliche Bereiche der Ausländer-, Asyl- und Flüchtlingspolitik in die Zuständigkeit der Europäischen Gemeinschaft. Innerhalb eines Zeitraums von fünf Jahren soll der Rat europäische Regelungen erarbeiten. **Cornelie Sonntag-Wolgast** weist darauf hin, dass europäische Entscheidungen in Zukunft wesentlich die nationalen Handlungsspielräume bestimmen werden. Ein Ziel ist die Schaffung eines gemeinsamen europäischen Asylsystems. Hierzu müssen Regelungen über Zuständigkeiten, Asylverfahren, Aufnahmebedingungen und Anerkennungskriterien gefunden werden. Diskussionen finden zur Zeit darüber statt, wie die Kriterien und Verfahren zur Bestimmung des für die Prüfung eines Asylantrages zuständigen Mitgliedsstaates überarbeitet werden können. Mit der Inbetriebnahme von Eurodac soll ein europaweites System zum Vergleich von Fingerabdrücken von Asylbewerbern und illegal eingereisten Ausländern geschaffen werden. Vorschläge gibt es für Mindestnormen, für die Gestaltung von Asylverfahren und für die Mindestnormen für Aufnahmebedingungen. Ein Entwurf, wie die Flüchtlingsanerkennung geregelt werden soll, wird die Kommission erst in zwei bis drei Jahren vorlegen. Beschlossen hat der Justiz- und Innenrat Ende September 2000 die Errichtung eines europäischen Flüchtlingsfonds. Der Vorschlag für eine Richtlinie zur Familienzusammenführung ist Teil der Migrationspolitik. Deutschland hat einen Prüfungsbedarf angemeldet, da einzelne Vorschriften zu einer erheblichen Ausweitung des Potentials der Nachzugsberechtigten führen würden. Der Amsterdamer Vertrag sieht vor, dass nach fünf Jahren entschieden wird, ob das Mehrheitsprinzip auf die Asyl-, Ausländer- und Flüchtlingsangelegenheiten übertragen wird. Während das Auswärtige Amt in allen Bereichen der Europäischen Gemeinschaft Entscheidungen mit qualifizierter Mehrheit anstrebt, kann das Bundesinnenministerium den Übergang zur qualifizierten Mehrheit nur in Bereichen akzeptieren, in denen es bereits gemeinsame Normen gibt.

In der EU leben zur Zeit ca. 19 Millionen Ausländer, davon 70% aus Nicht-EU-Ländern. Nach **Klaus Sieveking** ist davon auszugehen, dass auch in

Zukunft Wanderungsbewegungen in die EU stattfinden werden und diese wegen der Bevölkerungsentwicklung von nahezu allen Mitgliedsstaaten in erheblicher Größenordnung für erforderlich gehalten werden. Die europäische Einwanderungs- und Asylpolitik findet im Kontext internationaler, europäischer und nationaler Politikgestaltung statt. Auf der Ebene internationaler Politikentwicklungen sind der Zusammenhang der Globalisierung der Wirtschaft und der Wettbewerb um qualifizierte Migranten von Bedeutung. Auf der europäischen Politikebene stellt sich die Frage der „Staatswerdung" Europas, das heißt speziell, wie die Kompetenzabgrenzungen zwischen der Gemeinschaft und den Mitgliedsstaaten und den unterschiedlichen europäischen Gremien gelöst werden können. Auf der Ebene der Mitgliedsstaaten der EU sind die Fragen der Zulassung und die der Folgenbewältigung von Einwanderung durch Arbeitsmigration und Asyl zu bewältigen. Von 1974 bis 1999 hat ein Kompetenzwandel im Bereich von Einwanderung und Asyl vom sozialpolitisch motivierten Konzertierungsverfahren hin zur eigenständigen Kompetenz für Inneres stattgefunden. Endpunkt dieser Entwicklung stellt der Vertrag von Amsterdam dar, in dem eine weitgehende Vergemeinschaftung der Asyl- und Einwanderungspolitik festgeschrieben ist. Seit 1999, insbesondere im ersten Halbjahr 2000, sind auf der Grundlage dieses Vertrages eine Reihe von Vorschlägen verabschiedet worden. Diese beziehen sich auf die Visa, Asyl- und Vertriebenenpolitik, die Einwanderungspolitik und das Aufenthaltsrecht für Drittstaatsangehörige. Auch in Zukunft werden Migrationsfragen tendenziell mit Fragen der inneren Sicherheit verbunden bleiben. Der Vergemeinschaftungsprozess führt zu einer teilweisen Europäisierung der Innenpolitik. Die Einbeziehung von Nichtregierungsorganisationen in den politischen Konsensbildungsprozess ist das auffälligste Merkmal einer Fortentwicklung der Gemeinschaft hin zu einer politischen Union.

Für **Margot Kessler** vom Europäischen Parlament stellt sich die Flüchtlingspolitik unterschiedlicher europäischer Länder wie ein Flickenteppich dar. Sehr unterschiedlich sind die nationalen Probleme und die Lösungsansätze. Als das gravierende Hindernis für eine gemeinsame europäische Einwanderungs- und Flüchtlingspolitik sieht sie nach wie vor das bis 2004 geltende Einstimmigkeitsprinzip bei Entscheidungen. Die Kommission und das Europäische Parlament wirkt darauf hin, dass danach Mehrheitsentscheidungen in diesem Politikfeld gelten werden. Dies bedeutet zugleich mehr Macht für das Europäische Parlament, da in der Regel bei Mehrheitsentscheidungen die Zustimmungen des EP nötig sind. Auch in den Ausschüssen des EP sind die Integrations- und Migrationspolitik Reizthemen, bei denen die gegensätzlichen Positionen der unterschiedlichen politischen Lager aufeinander treffen. Das EP beschäftigt sich intensiv mit den unterschiedlichen Vorschlägen zur Gestaltung einer gemeinsamen Flüchtlingspolitik. Spezielle Aktionspläne gibt es für Afghanistan, Albanien, Marokko, Somalia, Sri Lanka und Irak. Das Hauptziel ist es, die politische, wirtschaftliche und Menschenrechtssituation in den betroffenen Staaten zu untersuchen und Ursachen für Flucht und Auswanderung zu erkunden. Auf Druck des EP's wurde inzwischen auch eine neue Haushaltslinie für dieses Gebiet eingestellt. Auch über den Vorschlag der Kommission zur Neuregelung der Familienzusammenführung gab es kontroverse Debatten im Europäischen Parlament. Für die von der Kommission vorgelegte neue Gesetzgebung stimmten insgesamt 323 Abgeordnete, dagegen 212 Abgeordnete. Weiterhin beschäftigte sich das EP mit einer Initiative Frankreichs zu einer Richtlinie zur illegalen Einreise. Neben repressiven Maßnahmen ist es notwendig, mit den Ursprungs- und Transitländern dieser illegalen Migrationsbewegungen eine justitielle Zusammenarbeit einzugehen und in diesen Ländern Informationskampagnen über die Gefahren der illegalen Einreise durchzuführen. Aufgerüttelt hat die Abgeordneten die Nachricht vom tragischen Tod von 58 Einwanderern im Juni 2000, die in einem Lastwagen an der britischen Grenze in Dover gefunden wurden. Das Europäische Parlament hat in einer gemeinsamen Entschließung den Rat aufgefordert, Schritte zu unternehmen, um insbesondere kriminelle Organisationen zu bekämpfen und Menschenhandel zu unterbinden.

Der Vertrag von Amsterdam hat den europäischen Institutionen beträchtliche Befugnisse verliehen, gegen Diskriminierung aus Gründen der Rasse vorzugehen. **Jan Niessen** führt aus, dass der neue Artikel 13 des EG-Vertrages Institutionen ermächtigt, geeignete Maßnahmen zu ergreifen, um Diskriminierungen Einhalt zu gebieten. Diskriminierungen aus Gründen des Geschlechtes, der Rasse, der ethnischen Herkunft, der Religion oder der Weltanschauung, einer Behinderung, des Alters oder der sexuellen Ausrichtung können in Zukunft bekämpft werden. Diese Anti-Rassismusrichtlinie verbietet mittelbare und unmittelbare Diskriminierung. Sie gestattet auch positive Maßnahmen und verpflichtet die Mitgliedsstaaten zum Erlass von

Rechts- und Verwaltungsvorschriften zu ihrer Durchsetzung. Sie muss bis Juli 2003 in die nationale Gesetzgebung der Mitgliedsstaaten aufgenommen werden. Dieser Prozess setzt die aktive Beteiligung der EU-Kommission, des Europäischen Parlaments und der europäischen nicht-staatlichen Akteure einerseits sowie der nationalen Parlamente und nationalen nichtstaatlichen Akteure andererseits voraus. Wichtig ist insbesondere eine Informationskampagne über den Inhalt dieser Richtlinie. Dieses Thema muss auch mit den neuen Beitrittskandidaten besprochen werden.

Cornelie Sonntag-Wolgast

Europäische Einwanderungs- und Flüchtlingspolitik: zunehmende Bedeutung für die nationale Politik

Durch den Vertrag von Amsterdam sind wesentliche Bereiche der Ausländer-, Asyl- und Flüchtlingspolitik in die Zuständigkeit der Europäischen Gemeinschaft überführt worden. Zur Schaffung eines Raums der Freiheit, der Sicherheit und des Rechts soll der Rat innerhalb eines Zeitraums von fünf Jahren in diesen Bereichen europäische Regelungen erarbeiten, die dann unmittelbar in den Mitgliedstaaten gelten werden. In diesem Übergangszeitraum muss der Rat solche Rechtsakte einstimmig verabschieden. Danach muss er entscheiden, ob und in welchen Bereichen Mehrheitsentscheidungen möglich sein sollen. Für die Überprüfung der Auslegung und Anwendung solcher Rechtsakte ist neben den nationalen Gerichten der Europäische Gerichtshof zuständig.

Zur Umsetzung der Arbeitsaufträge des Amsterdamer Vertrages haben sich Rat und Kommission im Dezember 1998 in Wien auf einen Aktionsplan geeinigt, in dem Prioritäten und zeitliche Vorgaben gesetzt wurden.

Auf dieser Grundlage wiederum haben die Staats- und Regierungschefs der Europäischen Union beim Europäischen Rat in Tampere am 15./16. Oktober 1999 sich unter anderem auf eine gemeinsame europäische Asyl- und Migrationspolitik verständigt. Zur Beobachtung der Fortschritte beim Aufbau eines Raums der Freiheit, der Sicherheit und des Rechts hat die Europäische Kommission einen Anzeiger (score board) vorgelegt, der einen Überblick über die Arbeitsaufträge, den Stand der Arbeiten und die Zeitvorgaben gibt. Der Anzeiger soll laufend fortgeschrieben werden.

1. Gemeinsames Europäisches Asylsystem

Das Asylrecht im engeren Sinne umfasst Regelungen über Zuständigkeiten, Asylverfahren, Aufnahmebedingungen und Anerkennungskriterien:

- Der Rat hat Kriterien und Verfahren zur Bestimmung des für die Prüfung eines Asylantrags zuständigen Mitgliedstaates zu beschließen. Dabei geht es darum, ob und wie das Dubliner Übereinkommen, das bislang diese Materie regelt, zu überarbeiten ist, um eine möglichst wirksame Anwendung der Zuständigkeitskriterien sicherzustellen. Insbesondere das Kriterium „illegales Überschreiten der EU-Außengrenze" bereitet bislang Probleme, die gelöst werden müssen. Die Kommission hat dazu ein Diskussionspapier und den Entwurf eines Fragebogens für die Evaluierung des Übereinkommens vorgelegt. Im Wiener Aktionsplan ist als Zeitpunkt für die Verabschiedung dieser prioritären Maßnahme April 2001 vorgesehen.

- Insbesondere um die Anwendung des Außengrenzkriteriums des Dubliner Übereinkommens zu verbessern, müssen möglichst kurzfristig die rechtlichen und technischen Voraussetzungen für die Inbetriebnahme von EURODAC, dem europaweiten System zum Vergleich von Fingerabdrücken von Asylbewerbern und bestimmten Gruppen illegal eingereister Ausländer, geschaffen werden. Über den Verordnungsentwurf ist im Rat am 2. Dezember 1999 politische Einigung erzielt worden. Allerdings ist mit der Inbetriebnahme von EURODAC nicht vor 2001 zu rechnen.

- Für die Schaffung gemeinsamer Mindestnormen für Asylverfahren hat die Kommission Ende September einen Richtlinienvorschlag vorgelegt.

- Bei der Schaffung von Mindestnormen für Aufnahmebedingungen wird es wegen des unterschiedlichen Niveaus in den Mitgliedstaaten nicht um eine Vollharmonisierung gehen, sondern um die Festschreibung bestimmter Mindeststandards, die von den Mitgliedstaaten überschritten werden können. Als vorbereitende Maßnahme wird hierzu zur Zeit eine vergleichende Studie über Rechtslage und Praxis der Mitgliedstaaten durch die Kommission erstellt. Parallel plant die französische Ratspräsidentschaft für den Innen- und Justizrat im November 2000 die Verabschiedung von Grundsätzen für die Aufnahme von Asylbewerbern, die der Kommission als Grundlage für ihren Vorschlag im Jahr 2001 dienen sollen.

- Für gemeinsame Mindestnormen für die Flüchtlingsanerkennung wird die Kommission erst in zwei bis drei Jahren einen Entwurf vorlegen, weil der Wiener Aktionsplan für diese Maßnahme einen Zeitraum von fünf Jahren nach Inkrafttreten des Amsterdamer Vertrages (April 2004) vorsieht. Schwerpunkt der Diskussionen werden die Fragen nach der Festschreibung nichtstaatlicher Verfolgung und der Berücksichtigung besonderer Verfolgungsformen (z. B. geschlechtsspezifischer Verfolgung) als Anerkennungsgrund sein.

Neben diesen Instrumenten des Asylrechts im engeren Sinne sind als weitere Bestandteile des in Tampere formulierten Gemeinsamen Europäischen Asylsystems komplementäre Schutzformen vorgesehen:

- Nach dem Wiener Aktionsplan soll der Rat Maßnahmen über den vorübergehenden Schutz für vertriebene Personen aus Drittländern „sobald wie möglich" beschließen. Die Kommission hat im Mai 2000 den Entwurf einer Richtlinie vorgelegt. Dieser sieht unter anderem eine Verbindung von vorübergehendem Schutz und Solidarität (Lastenteilung) durch Verteilung der Aufzunehmenden nach dem Prinzip der doppelten Freiwilligkeit vor (Bereitschaft des Mitgliedstaates zur Aufnahme, Bereitschaft des Vertriebenen, sich in den aufnahmebereiten Mitgliedstaat zu begeben). Eine Verteilung nach vorher festgelegten Quoten ist nicht beabsichtigt. Hinsichtlich finanzieller Ausgleichsmaßnahmen wird auf den Vorschlag zur Errichtung eines Europäischen Flüchtlingsfonds verwiesen. Weiterhin sieht der Entwurf keinen generellen Familiennachzug vor, sondern nur eine Zusammenführung der Familienmitglieder, die durch die besonderen Umstände der Flucht getrennt worden sind und sich in verschiedenen Mitgliedstaaten aufhalten. Abweichend von früheren Entwürfen sollen vom vorübergehenden Schutz Begünstigte mit Ausnahme des Zugangs zum Arbeitsmarkt nicht die selben Aufenthaltsbedingungen wie anerkannte Flüchtlinge erhalten. Sie sollen aber Zugang zum Asylverfahren erhalten, bei dessen Ablehnung sie wieder vom Regime des vorübergehenden Schutzes begünstigt werden sollen. Eine mögliche Aussetzung des Verfahrens darf sich nicht über das Ende des vorübergehenden Schutzes erstrecken. Abgesehen vom Ablauf der Höchstdauer von 2 Jahren soll vorübergehender Schutz durch Ratsbeschluss beendet werden, wenn eine dauerhafte, sichere Rückkehr der Betroffenen unter menschenwürdigen Bedingungen möglich ist.

In diesem Zusammenhang sieht der Amsterdamer Vertrag außerdem den Erlass von Mindestnormen betreffend die Förderung einer ausgewogenen Verteilung der Belastungen vor, die mit der Aufnahme von Flüchtlingen und vertriebenen Personen und den Folgen dieser Aufnahme verbunden sind. Auch diese Maßnahmen sollen nach dem Wiener Aktionsplan so schnell wie möglich erfolgen.

Auf dem Justiz- und Innenrat Ende September 2000 ist die Errichtung eines Europäischen Flüchtlingsfonds beschlossen worden. Der Fonds hat eine Laufzeit von 5 Jahren (2000 – 2004) und ein finanzielles Volumen von 216 Millionen Euro. Mit dem Fonds sollen Leistungen, die die Mitgliedstaaten im Zusammenhang mit der Aufnahme von Flüchtlingen und Vertriebenen erbringen, mit bis zu 50 % unterstützt werden. Fördermittel werden bereitgestellt für

- Strukturmaßnahmen im Bereich der Aufnahme von Flüchtlingen, Vertriebenen und Asylbewerbern (etwa Unterbringung, materielle Hilfe, ärztliche Hilfe, sozialer, administrativer oder gerichtlicher Beistand);
- Förderung der Integration von Flüchtlingen und Vertriebenen sowie ihrer Familienangehörigen in die Gesellschaft (Wohnung, Unterhaltsmittel und medizinische Versorgung oder Maßnahmen, die eine Anpassung an die Gesellschaft ermöglichen oder darauf abzielen, ihnen Eigenständigkeit zu verschaffen);
- freiwillige Rückkehr (Information und Beratungsdienste über die Programme zur Rückführung auf freiwilliger Basis und die Lage in den Herkunftsländern, Maßnahmen für die allgemeine oder berufliche Bildung sowie Hilfsmaßnahmen für die Wiedereingliederung).

2. Migrationspolitik

Am 1. Dezember 1999 hat die Kommission einen Vorschlag für eine Richtlinie zur Familienzusammenführung vorgelegt. Das ist der erste Schritt zur Harmonisierung des Rechts der Mitgliedstaaten hinsichtlich der Einreise und des Aufenthalts von Drittstaatsangehörigen. Weitere Vorschläge der Kommission in diesem Bereich werden folgen, so z.B. zur Zulassung von Drittstaatsangehörigen zum Zweck der selbständigen oder unselbständigen Erwerbstätigkeit oder des Studiums.

Der Vorschlag hat ganz erhebliche politische Bedeutung, da mit dem Recht der Familienzusammenführung zu Deutschen und Ausländern ein Kernbereich des Ausländerrechts harmonisiert werden soll. Deutschland ist von einer solchen Regelung in besonderer Weise betroffen, da drei Viertel der in Deutschland lebenden 7,4 Millionen Ausländer Drittstaatsangehörige sind, die von den Regelungen der Richtlinie profitieren können. Zur Zeit reisen im Wege der Familienzusammenführung jährlich mindestens 70.000 Ausländer nach Deutschland ein. Die vorgeschlagenen Regelungen sind teilweise restriktiver (z.B.: keine Familienzusammenführung mit entfernten Verwandten in Härtefällen, kein Arbeitsmarktzugang für nachgezogene Verwandte der aufsteigenden Linie und volljährige Kinder), jedoch überwiegend großzügiger als das deutsche Recht.

Der Vorschlag wurde in den Gremien des Rates in einem ersten, sondierenden Beratungsdurchgang behandelt. Dabei haben die Mitgliedstaaten eine Vielzahl von Änderungswünschen geäußert. Deutschland hat Prüfungsbedarf angemeldet.

Einzelne Vorschriften könnten zu einer erheblichen Ausweitung des Potentials der Nachzugsberechtigten und in der Tendenz auch zu einer erheblichen Belastung der öffentlichen Haushalte führen. Ich will auf einige Punkte hinweisen:

- Die Gewährung von Ansprüchen auf Familienzusammenführung für alle Drittstaatsangehörigen, die über einen noch ein Jahr gültigen Aufenthaltstitel verfügen und die ein festes und ausreichendes Einkommen, angemessenen Wohnraum und Krankenversicherungsschutz nachweisen können (Art. 3. Abs. 1 Buchst a) des Vorschlags).

- Der Kreis der Familienmitglieder, die einen Anspruch auf Familienzusammenführung haben, ist sehr großzügig bemessen.

- Dies betrifft zum Beispiel Verwandte der aufsteigenden Linie (Eltern), die in ihrem Herkunftsland keine Bindungen mehr haben und volljährige Kinder, die sich nicht selbst unterhalten können. Diesen Personen sollte die Einreise im Wege des Ermessens gestattet werden.

  Hier ist zu berücksichtigen, dass es sich um einen Personenkreis handelt, bei dem wegen des hohen Alters oder des Gesundheitszustandes das Risiko der Pflegebedürftigkeit besonders groß ist. Daraus kann sich eine erhebliche Belastung der Sozialhaushalte ergeben.

- Kinder sollen bis zum 18. Lebensjahr einen Anspruch auf Nachzug zu ihren Eltern haben (Art. 5 Abs. 1 Buchstabe b) des Vorschlags).

  Das deutsche Recht sieht grundsätzlich eine Altersgrenze für den Familiennachzug von 16 Jahren vor. Dahinter steht der Gedanke, dass die Integrationschancen um so höher sind, je früher der Zuzug erfolgt. Es sollte eine flexible Formulierung angestrebt werden, die den Mitgliedstaaten die Möglichkeit belässt, sich für eine Grenze zwischen 16 und 18 Jahren zu entscheiden.

- Die Kommission schlägt vor, dass eigene Staatsangehörige bei der Familienzusammenführung keine geringeren Rechte haben dürfen als Unionsbürger, die von ihrer Freizügigkeit Gebrauch gemacht haben (Art. 4 des Vorschlags).

  Dieses Verbot der sog. Inländerdiskriminierung hätte für Deutschland Folgen bei der Aufnahme von Spätaussiedlern und deren Familienangehörigen. Die Einreise dieser Menschen ist auf jährlich 100.000 (Spätaussiedler, die mit ihrer Einreise überwiegend Deutsche werden, deren Ehegatten und Abkömmlinge sowie Familienangehörige, die im Rahmen des ausländerrechtlichen Familiennachzugs gleichzeitig einreisen) beschränkt. Wenn die Möglichkeiten der Familienzusammenführung für Deutsche erheblich ausgeweitet werden würden, so hätte das zur Folge, dass innerhalb der zahlenmäßigen Beschränkung ein noch größerer Anteil von ausländischen Familienangehörigen (z.Zt. 70 %) einreisen könnte. Das würde dann zu Lasten der originär berechtigten Spätaussiedler gehen.

- Diskussionsbedürftig ist auch der sofortige Zugang zum Arbeitsmarkt für nachgezogene Personen zu den gleichen Bedingungen wie für EU-Bürger. Dadurch würde der Arbeitsmarkt stark belastet.

Die Verhandlungsmaxime Deutschlands sollte sein, auf Regelungen zu drängen, die den Mitgliedstaaten in der Familienzusammenführung ein großes Maß an Flexibilität belassen. Dies sollte geschehen, indem den Mitgliedstaaten die Möglichkeit eröffnet wird, innerhalb eines harmonisierten Rahmens zum Beispiel selbst darüber zu entscheiden, bis zu welchem Alter sie Kinder nachziehen lassen wollen oder welchen Familienangehörigen sie einen Anspruch auf Nachzug zuerkennen wollen. Mehr Flexibilität ist auch beim Arbeitsmarktzugang erforderlich. Der vorliegende Vorschlag enthält dagegen zu detaillierte Regelungen, die es Deutschland unmöglich machen würden, Regelungen zu schaffen, die der nationalen Zuwanderungssituation (z.B. Spätaussiedler) gerecht werden.

Auch würde es die Arbeit der von Bundesinnenminister Schily einberufenen unabhängigen Kommission „Zuwanderung" belasten, wenn der nationale Handlungsspielraum über Gebühr eingeengt würde.

Bestandteil einer solchen flexiblen Rahmenregelung könnte auch eine Klausel sein, die es den Mitgliedstaaten erlauben würde, großzügigere als die europäischen Regelungen beizubehalten oder zu schaffen („fakultative Besitzstandsklausel"). Deutschland hätte ein Interesse an einer solchen Klausel, um z.B. die Möglichkeit des Nachzugs sonstiger Familienangehöriger, der in außergewöhnlichen Härtefällen in Wege des Ermessens gestattet werden kann (§ 22 AuslG), beizubehalten.

3. Ausweitung des Mehrheitsprinzips auf die Asyl-, Ausländer- und Flüchtlingsangelegenheiten

Das Thema ist Gegenstand der derzeitigen Beratungen im Rahmen der Regierungskonferenz zu institutionellen Fragen. Der Europäische Rat soll im Dezember 2000 in Nizza hierzu Entscheidungen treffen.

Innerhalb der Bundesregierung werden zum Punkt „Qualifizierte Mehrheit" unterschiedliche Auffassungen vertreten. Das Auswärtige Amt sieht es aus europapolitischen Gründen und im Hinblick auf die anstehende Erweiterung der Union als erforderlich an, dass in allen Bereichen der Gemeinschaftszuständigkeit Entscheidungen mit qualifizierter Mehrheit getroffen werden.

Demgegenüber kann das Bundesinnenministerium den Übergang zur qualifizierten Mehrheit nur in den Bereichen akzeptieren, in denen es bereits einen Fundus an gemeinsamen Normen gibt (Maßnahmen zur EU-internen Reisefreiheit, Visumpolitik, Zuständigkeitskriterien für die Durchführung von Asylverfahren), die Interessen der Mitgliedstaaten weitgehend kongruent sind (Bekämpfung der illegalen Einwanderung und Rückführungspolitik) oder wo die qualifizierte Mehrheit unseren Interessen dient. So kann bei der Ausgestaltung der Aufnahmebedingungen für Asylbewerber nur dadurch der Widerstand der südeuropäischen Mitgliedstaaten zur Angleichung an die in den nordischen Staaten und Deutschland geltenden Standards überwunden werden.

Für die übrigen der im Amsterdamer Vertrag genannten Bereiche der Asyl- und Ausländerpolitik gilt dies nicht. Im Einzelnen geht es hierbei um

- Kriterien für die Flüchtlingsanerkennung,
- Garantien für Asylverfahren,
- vorübergehenden und subsidiären Schutz einschließlich Lastenteilung als weitere Elemente der Flüchtlingspolitik,
- Voraussetzungen, unter denen Ausländer sich längerfristig im Hoheitsgebiet aufhalten dürfen
- und um die Ausdehnung der Freizügigkeitsrechte für Drittausländer.

Zwei kurze Schlussbemerkungen:

1) Ich beobachte eine zunehmende Diskrepanz bei der Auseinandersetzung über die Harmonisierung des Asylrechts in Europa. Einerseits höre ich aus dem Kreis der engagierten Öffentlichkeit dringliche Warnungen davor, auf dem Weg zum geeinten Europa die hohen Standards des deutschen Asylrechts herunterzuschrauben. Auf der anderen Seite werden die restriktive Auslegung des Begriffs der politischen Verfolgung und die Asylpraxis in Deutschland scharf kritisiert und andere europäi-

sche Länder lobend dagegen hervorgehoben. Ich weiß schon, woher beides rührt. Aber diese Unterschiedlichkeit der Bewertung dem Durchschnittsbürger zu erklären, fällt immer schwerer. Wir werden uns darüber intensive Gedanken machen müssen.

2) Es gibt seitens der Konservativen in der Debatte um Zuwanderung und Asyl die böse Formulierung, der zufolge wir „mehr Menschen wollen, die uns nützen, und weniger, die uns ausnützen." Gegen eine solche Kategorisierung von Menschen nach der Devise „Die guten ins Töpfchen, die schlechten ins Kröpfchen" sollten wir alle uns energisch zur Wehr setzen.

Klaus Sieveking

Einwanderungs- und Flüchtlingspolitik: neue Perspektiven nach „Amsterdam"[1]

A. Einführung

Beim Sondertreffen der Staats- und Regierungschefs der EU am 13.10.2000 in Biarritz äußerte der französische Premierminister Jospin Vorbehalte seiner Regierung gegen die geplanten Mehrheitsentscheidungen in der Asyl-, Visa- und Migrationspolitik.[2] Damit sind wir schon fast am Kern unseres Tagungsthemas. Doch für einen Überblick über das Thema „Einwanderungs- und Flüchtlingspolitik: neue Perspektiven nach Amsterdam" sind vor allem übergreifende politische und konkrete rechtliche Überlegungen erforderlich. Zuvor sind auch noch einige wenige Hinweise auf statistische Daten und auf Wanderungsmuster in der EU angebracht.

Nach jüngsten Veröffentlichungen von Eurostat[3] leben unter den knapp 375 Mio. Menschen in der Gemeinschaft ca. 19 Mio. Ausländer, davon 70%, also mehr als 13 Mio., aus Nicht-EU-Ländern und 6 Mio. aus Ländern der EU. In Deutschland leben 5,48 Mio., in Frankreich 2,3 Mio. und im Vereinigten Königreich 1,3 Mio. Drittstaater. Hinzuzuzählen sind nach groben Schätzungen ca. eine weitere Million Personen mit illegalem Status.

Jährlich kommen derzeit weniger als 250000 Asylbewerber in das Gemeinschaftsgebiet, davon jeweils über 40% nach Großbritannien und Deutsch-

---

[1] Das Manuskript wurde am 16.10.2000 abgeschlossen. Später erfolgten geringfügige Ergänzungen.

[2] FAZ vom 14.10.2000, 6. In gleichem Sinn Bundeskanzler Schröder, FAZ vom 10.11.00, 7. Auch das Treffen des Europäischen Rates vom 7. – 9.12.00 in Nizza hat dazu keine neuen Entscheidungen in Richtung der Anerkennung des Mehrheitsentscheidungsprinzips im A-syl- und Einwanderungsbereich erbracht, vgl. Bulletin Quotidien Europe Nr. 7861, 5; vgl. auch Nr. 7860, 3.

[3] Eurostat Jahrbuch 2000, 110 f.; Statistik kurzgefasst: Bevölkerung und Soziale Bedingungen, Thema 3 – 10/2000, Bevölkerung und Lebensbedingungen, 3. Zum Wandel der Wanderungsmuster siehe auch: Beschäftigung für alle. Rassismus bekämpfen und Eingliederung von Migranten fördern, Luxemburg 2000, 4. Zur Entwicklung der Bevölkerung in Deutschland siehe *Sell* (2000).

land. Derzeit werden 60% aller Asylanträge in Deutschland, den Niederlanden und dem Vereinigten Königreich gestellt.[4]

Die gesamtwirtschaftliche Entwicklung, der Bevölkerungsdruck aus weniger entwickelten Ländern und der politische Wandel in Ostmitteleuropa haben das Wanderungsschema der EU-Mitgliedstaaten in den jüngsten Jahren verändert. Auch die Wanderungsmuster innerhalb der EU haben sich verändert zugunsten der Wanderung von hochqualifizierten Personen. Die zeitliche Befristung von Wanderung spielt ebenso eine stärkere Rolle wie die aus Studiengründen. Während sich in den nördlichen Ländern die Zuwanderung und der Verbleib von Ausländern konsolidiert hat – vor allem durch Familienzusammenführung und das Anwachsen der zweiten Generation –, sind die südlichen Mitgliedsländer zu Einwanderungsländern geworden.

Eine Zunahme von illegaler Zuwanderung ist überall zu beobachten. Schließlich bildet seit vielen Jahren der Wanderungssaldo, also die Differenz von Einwanderung und Auswanderung, besonders in Deutschland, Italien und Schweden die Hauptkomponente der Bevölkerungsentwicklung. Es ist davon auszugehen, dass diese Tendenz in allen Mitgliedstaaten der Europäischen Union zunehmen wird und deswegen eine Zuwanderung von erheblicher Größenordnung für erforderlich gehalten wird.

B. Die politischen Rahmenbedingungen gegenwärtiger Einwanderungs- und Asyldebatten

Seit Inkrafttreten des Amsterdamer Vertrages im Mai 1999 wird die Öffentlichkeit in Europa zunehmend mit migrationspolitischen Themen konfrontiert. Dazu tragen nicht nur spektakuläre Ereignisse wie z.B. der Tod von bei der Überfahrt über die Wassergrenzen Europas ertrunkenen Flüchtlingen bei. Die Wissenschaft hat die anstehenden Fragen aufgegriffen[5], und die Medien nehmen in ihrer Berichterstattung über rechtspolitische Entwicklungen in Europa immer häufiger Bezug auf Migration, Einwanderung oder

---

[4] Angaben nach Brüsseler Vertretern des UNHCR, vgl. Schutz der Flüchtlingsrechte verlangt, FAZ 28.9.2000, 6. Im Jahre 2000 wurden 78.500 Asylanträge in Deutschland gestellt.

[5] Siehe dazu vor allem die Tagung der Europäischen Rechtsakademie Trier am 18. und 19. Februar 1999. Die Beiträge sind veröffentlicht worden, siehe: *Hailbronner* (1999).

Asyl – nicht zu sprechen von den anwachsenden Meldungen über antirassistische und fremdenfeindliche Aktionen. Vor diesem Hintergrund wäre – wie in Art. 13 Abs. 2 EU vorgesehen - auf europäischer Ebene eine gemeinsame Strategie und ein umfassendes Konzept[6] betreffend Einwanderung und Asyl zu erwarten, da es sich hier um Bereiche handelt, „in denen wichtige gemeinsame Interessen der Mitgliedstaaten bestehen." Hieran mangelt es bis heute - trotz erster Ansätze in der Europäischen Kommission.[7] In der Diskussion auf Gemeinschaftsebene haben sich bislang drei Kernpunkte herausgeschält:

- Aktivitäten gegen den auf die Gemeinschaft einwirkenden Migrationsdruck, z.b. durch Kooperation mit den Herkunftsländern,

- eine wirksame Kontrolle der Einwanderung und Bekämpfung illegaler Einwanderung sowie

- die Stärkung der Rechtsposition der legalen Einwanderer.

Betrachtet man die bislang entwickelten Instrumente, so überwiegt der sicherheitspolitische Aspekt. Welches Gewicht dabei den außen- und integrationspolitischen Zielen oder Vorstellungen einer Rechts- und Wertegemeinschaft zukommt, lässt sich nicht immer deutlich erkennen. Die Verortung dieser Gesichtspunkte im Rahmen eines strategischen Konzepts wäre vonnöten. Dass dies keine leichte Aufgabe ist, ist nicht nur der Komplexität der angesprochenen Problemfelder zuzuschreiben. Die Schwierigkeit liegt in der notwendigen Bearbeitung des Themas im Kontext internationaler, europäischer und nationaler Politik. Für Fragen einer derartigen „Mehrebenenpolitik"[8] sind noch keine hinreichenden Strukturen entwickelt. Zur näheren Illustration sei auf weitere Stichworte hingewiesen:

- *Bevölkerungsentwicklung*: Die Bevölkerungsstudie der UNO[9] von Anfang dieses Jahres – sie wurde von der Französischen Präsidentschaft

---

[6] Anderes gilt z.B. für den Bereich der Mittelmeerpolitik, vgl. den Strategiebeschluss Nr. 2000/458/GASP „Gemeinsame Strategie des Europäischen Rates vom 19.06.2000 für den Mittelmeerraum" ABl. EG L 183/5 vom 22.07.2000.

[7] Hinzuweisen ist auf frühere Mitteilungen der Europäischen Kommission über „Asyl und Einwanderung" z.B. 1994.

[8] Vgl. dazu: *Jachtenfuchs/ Kohler-Koch*, in *dies*. (Hrsg.) (1996), 15-44; *Zürn* (1998).

[9] "Replacement Migration: Is It A Solution To Declining And Ageing Populations?", Population Division, Department of Economic and Social Affairs, United Nations, 6 January 2000.

ausdrücklich kritisiert -, hält angesichts sinkender Geburtenraten in Europa allein für Deutschland bis zum Jahre 2050 die Einwanderung von 25 Mio. Menschen für erforderlich;

- *weltweiter Menschenhandel und illegale Einwanderung*: Das Drama von Dover im Juni hat die Brutalität des internationalen Menschenhandels gezeigt: Den Versuch, illegal in die EU zu immigrieren, haben 58 Menschen aus dem fernen Osten mit ihrem Leben bezahlen müssen;
- *Ausbau der „Festung Europas"*[10] : Nach innen ist z.B. hinzuweisen auf die Errichtung von EUROPOL, nach außen auf die Entscheidung des Königreichs Spanien, 350 km der Südküste des Landes mit Radarsichtgeräten auszustatten, um sich gegen illegale Einwanderung zu sichern;
- *die bevorstehende Osterweiterung der EU*: Das Thema der Freizügigkeit erweist sich bei den Beitrittsverhandlungen als zentral und schwierig. Nach einer Studie aus dem Institut für Arbeitsmarkt- und Berufsforschung der Bundesanstalt für Arbeit[11] liegen die Schätzungen für die jährliche Einwanderung aus den Ländern Polen, Tschechien, Ungarn und Slowakei nach Deutschland bei 100.000.
- *Rassismus und Fremdenfeindlichkeit*: Erwähnt seien nur die zahllosen rassistischen und fremdenfeindlichen Anschläge nicht nur, aber besonders in Deutschland.

Vor diesem Hintergrund ist zunächst der Diskussionsrahmen zu verdeutlichen, innerhalb dessen und von dem aus europäische Einwanderungs- und Flüchtlingspolitik diskutiert und beeinflusst wird. Ich unterscheide dabei drei Ebenen:

- Auf der *Ebene der internationalen Politikentwicklungen* sind der Zusammenhang der Globalisierung von Wirtschaft, Wettbewerb und Migration, die Bekämpfung von Menschenhandel und illegaler Einwanderung sowie der gleichzeitige Ausbau und die Überwachung der internationalen Instrumente der Menschenrechtspolitik festzustellen.

Zur EU siehe den Bericht: Die demographische Lage in der Europäischen Union 1995, Luxemburg 1996.

[10] *Peers* (1998); *Groenendijk* (1994).

[11] *Hönekopp/Werner* (1999).

- Wie die Green-Card Diskussion gezeigt hat, besteht zwischen Deutschland, anderen Mitgliedstaaten der EU[12], den USA[13] und anderen Ländern der Welt ein Wettbewerb um hochqualifizierte Arbeitnehmer. Das betrifft nicht nur die Computerbranche. Innerhalb Europas hat allgemein der Wettbewerb um gemeinschaftsinternes und gemeinschaftsexternes qualifiziertes Personal, insbesondere Pflegekräfte, begonnen.

- Das erwähnte Debakel in Dover und die spanischen Grenzsicherungen lenkten die Aufmerksamkeit der Öffentlichkeit auf das Problem des international organisierten Menschenhandels und auf Fragen der illegalen Einwanderung.[14] Für Kommissar Vitorino, zuständig für Justiz und innere Angelegenheiten, war dies Ereignis Anlass, eine kohärente und *globale* Einwanderungspolitik der EU zu fordern. Dazu zählt er die Verbesserung der Bekämpfung der illegalen Einwanderung, die verstärkte Zusammenarbeit in der Kontrolle des Zugangs zu dem Gebiet der EU, die Schaffung einer Partnerschaft mit den Herkunftsländern, die Schaffung eines Schutz bietenden Asylsystems unter Beachtung der Genfer Flüchtlingskonvention sowie eine Aufnahme- und Integrationspolitik, mit der das Trugbild der „Nullimmigration" verschwinden soll.[15]

- Die internationale Dimension des Themas wird von menschenrechtsrelevanten Fragen der Asyl- und Flüchtlingspolitik überformt. Die menschenrechtlichen Verpflichtungen in den internationalen Abkommen, Übereinkommen, Pakte u.a.m. der Vereinten Nationen und des Europarates sind nicht nur für die Organe der Gemeinschaft, sondern auch für die Mitgliedstaaten der EU verbindlich.[16]

- Auf *der europäischen Politikebene* markieren die gegenwärtigen Debatten über die politische und rechtliche Verfasstheit, die Konstitutionalisierung Europas, die immer noch offene Frage der „Staatswer-

---

[12] Z.B. sucht Schweden qualifiziertes Personal im Ausland, vgl. Überlegungen zur Arbeitserlaubnis für Drittstaater, Bundesarbeitsblatt 9/2000, 23.

[13] Vgl. Amerika will 600.000 Computer-Fachleute holen, FAZ vom 05.10.00, 18. Siehe auch: *Pfaff* (2000); *Gaul/ Lunk* (2000); *Freckmann* (2000). Siehe auch: Die Green Card ein großer Flop?, die tageszeitung vom 16./17.9.00, 7.

[14] *Twomey* (2000).

[15] Bulletin Quotidien Europe Nr. 7741, 9.

[16] Vgl. die Übersicht im 5. Bericht der Bundesregierung über ihre Menschenrechtspolitik in den auswärtigen Beziehungen, BTDrucks. 14/3739 vom 28.06.2000, 26 ff. und 46 ff.

dung" Europas.[17] Dabei geht es auch um Kompetenzabgrenzungen zwischen der Gemeinschaft und den Mitgliedstaaten einerseits und zwischen Europäischer Kommission, Rat und Parlament andererseits sowie den Zusammenhang der Einwanderungs- und Flüchtlingspolitikdiskussion mit dem Prozess der angemahnten Demokratisierung der EU, insbesondere der fortlaufenden europäischen Konstitutionalisierung. Auf die mit dem Amsterdamer Vertrag eingetretenen Veränderungen in diesem Feld wird unten näher einzugehen sein. Immerhin, die teilweise Europäisierung des nationalen Ausländerrechts ist vollzogen[18], und das Wechselspiel zwischen der Europäischen Kommission als Initiator künftiger Gemeinschaftsgesetzgebung, dem Rat und dem Parlament in diesem neuen gemeinschaftsrechtlich konstituierten Politikfeld wird man unter dem Aspekt des jeweiligen Einflusses genau im Auge behalten müssen.

- Zum Thema der Konstitutionalisierung Europas gehört auch der Entwicklungsprozess zur Verabschiedung des vom Konvent gebilligten Entwurfs der *Charta der Grundrechte der Europäischen Union*[19] in der Fassung vom 2. Oktober 2000. Die Grundrechte-Charta-Diskussion hat unmittelbare Verbindungen zum Thema Einwanderung und Asyl deutlich gemacht und die hierfür maßgeblichen Kriterien einer Europäischen Zivilgesellschaft in Erinnerung gerufen. Ein für die europäische Asyl- und Einwanderungspolitik maßgebliches Kriterium ist mit der Aufnahme des Prinzips der Solidarität[20] in den Entwurf der Charta genannt, das in der Präambel und als Kapitelüberschrift zu den sozialen Rechten Eingang gefunden hat. Die Charta enthält zugleich Handlungsaufträge an die Gemeinschaft: In Art. 45 zu Freizügigkeit und

---

[17] *Fischer* (2000) und die Beiträge von *Müller-Graff*, *Schneider* und *Kohler-Koch* in demselben Heft integration 2/2000.

[18] Siehe jetzt *Schily* (2000), 848 ff.

[19] Siehe dazu den Entwurf der Charta der Grundrechte der Europäischen Union. Vom Konvent gebilligter Text, Bulletin Quotidien Europe Nr. 2211 vom 3.10.2000. Zur Diskussion siehe: *Baer* (2000); ausführlich: *Pernice* (2000); *Weber* (2000). Die Charta der Grundrechte der Europäischen Union wurde anlässlich des Europäischen Rates in Nizza am 7.12.2000 feierlich verkündet. Der Text wurde veröffentlicht auch in der Beilage zur Neuen Juristischen Wochenschrift (NJW) Heft 49/2000 vom 4.12.00 und jetzt im ABl.EG Nr. C 364/01 vom 18.12.00.

[20] Vgl. *Meyer* (2000).

Aufenthaltsfreiheit heißt es in Abs. 2: „Staatsangehörigen dritter Länder, die sich rechtmäßig im Hoheitsgebiet eines Mitgliedstaats aufhalten, kann gemäß dem Vertrag zur Gründung der Europäischen Gemeinschaft Freizügigkeit und Aufenthaltsfreiheit gewährt werden". Die angesprochene Rechtsstellung von Drittstaatsangehörigen ist ein aktuell diskutiertes Thema, das durchaus kontrovers eingeschätzt wird. Z.B. befürchtet der CSU-Abgeordnete im Europäischen Parlament *Singhammer*, dass die Erweiterung der Geltung von Arbeitserlaubnissen für *ein* EU-Land auf die *gesamte* Union zu „massiver Zuwanderung" führen würde. Er beruft sich auf die vielen Brasilianer, „die über ihre portugiesischen Verbindungen in Portugal Aufenthaltsrecht" genießen.[21] - Intensive Diskussionen hat es zum Asylrecht nach Art. 18 der Charta gegeben, der das Recht auf Asyl nach Maßgabe der Genfer Konvention sowie dem EG-Vertrag gewährleistet. Das bezeugen die zahlreichen Stellungnahmen der Verbände in den Mitgliedstaaten, von internationalen Organisationen, insbesondere diverser Nichtregierungsorganisationen.[22] Zur Debatte stehen einheitliche Beurteilungskriterien für Flüchtlinge und harmonisierte Verfahrensrechte.

- Erwähnenswert ist auch die Initiative der Europäischen Kommission für das Programm „ODYSSEUS", das eine enge Zusammenarbeit der Verwaltungen der Mitgliedstaaten im Bereich von Asyl und Einwanderung beinhaltet.[23]

- Auf der *Ebene der Mitgliedstaaten der EU* geht es um die Zulassung und die Folgenbewältigung von Einwanderung durch Arbeitsmigration

---

[21] Zitiert nach: CSU fragt Herzog: Wo bleibt das Volk? Scharfe Kritik am Entwurf für Grundrechtscharta, Die Welt vom 23.9.2000, 2.

[22] Stellvertretend die Stellungnahmen von Amnesty International vom April 2000 und 22.08.00, nachzulesen im internet www.consilium.eu.int. Zahlreiche Stellungnahmen enthält auch das Stenographische Protokoll der gemeinsamen Sitzung des Ausschusses für die Angelegenheiten der Europäischen Union – Deutscher Bundestag (43. Sitzung) und des Ausschusses für Fragen der Europäischen Union – Bundesrat – am Mittwoch, 5. April 2000.

[23] Das auf einen Zeitraum 1998 bis 2002 angelegte Programm hat sich Ausbildung, Austauschmaßnahmen und Zusammenarbeit in den Bereichen Asyl, Einwanderung und Überschreiten der Außengrenzen zum Ziel gesetzt. Drittländer, insbesondere die beitrittswilligen Länder können daran beteiligt werden, vgl. ABl. EG L 99 vom 31.3.1998. Siehe auch das Jahresprogramm 1998, ABl. EG C 169/15 vom 4.6.1998.

und Asyl. Die Debatten über ein nationales Einwanderungsgesetz werden jetzt geführt, wobei die Abgrenzung zu den Maßnahmen auf europäischer Ebene näher festzulegen sein werden. Fragen der Integration der eingewanderten Personen und die Auseinandersetzung mit fremdenfeindlichen Aktionen werden auf nationaler Ebene ausgetragen. Gleiches gilt für Entscheidungen über die bilateralen Rückübernahme-Abkommen als verfahrensrechtliche Instrumente des Kampfes gegen Menschenhandel und illegale Einwanderung, die außerhalb des Gemeinschaftsrahmens getroffen werden.

C. Der rechtlich-institutionelle Rahmen von Einwanderung und Asyl

I. Der Kompetenzwandel im Bereich von Einwanderung und Asyl: Vom sozialpolitisch motivierten Konzertierungsverfahren zur eigenständigen Kompetenz für Inneres (1974-1999)

Bereits 1974 stellte der Rat in seiner Entschließung vom 21. Januar 1974 über ein sozialpolitisches Aktionsprogramm[24] fest, dass die Wanderungspolitik der Mitgliedstaaten der EG aufgrund ihres Einflusses auf den Arbeitsmarkt und auf die Arbeitsbedingungen der Arbeitnehmer für die Sozialpolitik der Gemeinschaft von Bedeutung ist. Der Rat anerkannte die Notwendigkeit der Abstimmung der Wanderungspolitik gegenüber Drittländern. Diese Erwägungen waren Gegenstand der Ratsentschließungen vom 9. Februar 1976 über ein Aktionsprogramm zugunsten der Wanderarbeitnehmer und ihrer Familienangehörigen[25] und vom 27. Juni 1980 über Leitlinien für eine Arbeitsmarktpolitik der Gemeinschaft[26]. Die Europäische Kommission legte am 8. Juli 1985 ihre Entscheidung zur Einführung eines Mitteilungs- und Abstimmungsverfahrens über die Wanderungspolitik gegenüber Drittländern[27] vor. Danach unterrichten die Mitgliedstaaten die Kommission und die übrigen Mitgliedstaaten rechtzeitig und spätestens bis zum Zeitpunkt ihrer Bekanntmachung über geplante Maßnahmen gegen-

---

[24] ABl.EG C Nr. 13, 1.
[25] ABl.EG C Nr. 34, 2.
[26] ABl.EG C Nr. 168, 1.
[27] ABl.EG L Nr. 217, 25.

über Wanderarbeitnehmern aus Drittländern und ihren Familienangehörigen betreffend Zuwanderung, Aufenthalt und Beschäftigung einschließlich illegaler Zuwanderung, illegalem Aufenthalt und illegaler Beschäftigung. Einen Monat später, am 16. Juli 1985, fasste der Rat eine Entschließung über Leitlinien für eine Wanderungspolitik der Gemeinschaft. Darin anerkannte der Rat,

> „dass es zweckmäßig ist, die Zusammenarbeit und Konzertierung zwischen den Mitgliedstaaten und der Kommission in bezug auf die Wanderungspolitik zu fördern, und zwar auch gegenüber Drittländern."

Der von Frankreich und Deutschland gegen das Mitteilungs- und Abstimmungsverfahren angerufene Europäische Gerichtshof wertete in seinem Urteil von 1987 das ausländerpolitische Konzertierungsverfahren als Ausfluss der sozialpolitischen Kompetenz der Gemeinschaft nach Art. 118 EWG (Art. 137 EG Amsterdam) mit der Folge, dass über die mitgliedstaatliche Unterrichtungspflicht hinaus inhaltliche Vorgaben seitens der Gemeinschaft unzulässig sind.[28]

Die spätere Entwicklung löste die Frage nach der Zusammenarbeit der Mitgliedstaaten im Bereich der Wanderungspolitik gegenüber Drittländern allmählich aus ihrem sozialpolitisch motivierten Kontext der Zusammenarbeit der Mitgliedstaaten in sozialen Fragen. Die Asyl- und Einwanderungspolitik, ein Kernbereich nationaler Souveränität, wurde - nach vergeblichen Versuchen, sich über einen Vorentwurf zu einer Asylrechtsrichtlinie mit dem Vereinigten Königreich zu einigen - seit 1985 nach dem Muster des deutsch-französischen Regierungsabkommens von 1984 über den schrittweisen Abbau der Kontrollen an den Grenzen in die multilaterale Zusammenarbeit der Mitgliedstaaten im Rahmen des sog. Schengener Vertragssystems, also außerhalb der Gemeinschaftszuständigkeiten überführt.

Mit der Etablierung der Gruppe der Schengen-Staaten 1985 und dem Schengener Durchführungsabkommen von 1990 wurde eine neue Form intergouvernementaler Zusammenarbeit einzelner Mitgliedstaaten im Be-

---

[28] EuGH Slg. 1987, 3203 (Rs. 281, 283, 284, 285 und 287/85 - Bundesrepublik Deutschland u.a. gegen Kommission). Die Kommission wiederholte unter Berücksichtigung der Auffassung des EuGH die Entscheidung über ein Mitteilungs- und Abstimmungsverfahren, vgl. ABl. EG Nr. L 183 vom 14.7.1988.

reich der Asyl- und Einwanderungspolitik geschaffen, die vor allem wegen der fehlenden Zuständigkeit des Gerichtshofs der Europäischen Gemeinschaften im Laufe der Zeit als unbefriedigend empfunden wurde. Parallel und zu gleicher Zeit, nämlich am 15. Juni 1990, vereinbarten sämtliche Mitgliedstaaten der EU das Dubliner Übereinkommen über die Bestimmung des zuständigen Staates für die Überprüfung eines in einem Mitgliedstaat der EG gestellten Asylantrags[29], das erst am 01.09.1997 in Kraft trat.[30]

Mit der Einheitlichen Europäischen Akte von 1986 wurde die Personenfreizügigkeit als Bestandteil des Binnenmarktes eingeführt. Damit erhielt auch die Frage nach der Freizügigkeit von Drittstaatsangehörigen innerhalb der Gemeinschaft und damit verbunden die Frage nach der Gemeinschaftskompetenz bezüglich ihrer Rechtsstellung, insbesondere ihrer Zulassung und ihrer innergemeinschaftlichen Rechtsposition neue Aktualität.

Der Maastrichter Vertrag über eine europäische Union von 1992 überführte die auf völkerrechtlicher Basis behandelten Themen in den verfassungsrechtlichen Gemeinschaftsrahmen der sog. „Dritten Säule". Erstmals wurde mit der Gemeinschaftskompetenz in Art. 100c EGV betreffend Entscheidungen über eine gemeinsame Visapolitik gegenüber Drittstaatsangehörigen ein kleiner Teil der Asyl- und Einwanderungspolitik an das gemeinschaftliche Handeln herangeführt. Im übrigen verblieb die Politik grundsätzlich in der Zuständigkeit der Mitgliedstaaten und wurde in den dritten Pfeiler, die Zusammenarbeit in den Bereichen Justiz und Inneres überführt.[31] Art. K.1 EUV bestimmte, dass die Mitgliedstaaten neben Asyl- und Einwanderungspolitik und Vorschriften betreffend das Überschreiten der Außengrenzen auch die Politik gegenüber den Staatsangehörigen dritter Länder als Angelegenheiten von gemeinsamem Interesse betrachten.[32]

---

[29] ABl.EG C 254/1 vom 19.08.97.
[30] ABl.EG C 268/1 vom 04.09.97.
[31] Aus der 1986 eingesetzten permanenten „Einwanderungsgruppe" ging die Zusammenarbeit im Rahmen der dritten Säule des Maastrichter Vertrags von 1992 hervor. Ausführlich Taschner (1998).
[32] Die Entscheidungen über die in Art. K.1 Ziffern 1 bis 6 genannten Bereiche konnten unter den Voraussetzungen des Art. K.9 in das Abstimmungsverfahren nach Art. 100c EGV überführt werden.

In dem institutionellen Gefüge des Maastrichter Vertrags hatte der Europäische Rat mit spezifischen Handlungsformen wie der Festlegung gemeinsamer Standpunkte oder der Annahme gemeinsamer Maßnahmen („*soft law*") eine führende Rolle gegenüber dem Parlament und der Kommission. Die Beteiligungsbefugnisse des Parlaments waren beschränkt. Von den im Rahmen der dritten Säule durchgeführten Arbeiten wurde es lediglich unterrichtet. Auch der EuGH hatte im Rahmen des dritten Pfeilers kaum Jurisdiktionsbefugnisse. In einem der wenigen Urteile in diesem Politikfeld vom 12. Mai 1998 entschied der Gerichtshof über die Zulässigkeit der Rechtsgrundlage eines Rechtsaktes des Rates - Gemeinsame Maßnahme betreffend den Transit auf Flughäfen[33] - im Rahmen der dritten Säule. Der EuGH hielt sich für zuständig, den Inhalt des Rechtsakts anhand des Artikels 100c EG-Vertrag zu prüfen, wies aber die Klage der Kommission ab, die das Gemeinschaftsrecht für verletzt ansah. Das hier sichtbar werdende strukturelle Defizit des Maastrichter Vertrags führte schon bald zu Revisionsüberlegungen des Vertrags. Für abänderungsbedürftig hielt man insbesondere

- die fehlende klare Abgrenzung zwischen den Zuständigkeiten der Gemeinschaft in der ersten und der Mitgliedstaaten in der dritten Säule,

- das wegen des Einstimmigkeitsprinzips praktizierte Ausweichen auf nicht verbindliche Beschlüsse,

- die Verzögerung des Inkrafttretens von völkerrechtlichen Übereinkommen durch die Ratifikationsprozeduren,

- die fehlende Kontrolle durch den EuGH und

- die wegen weitgehend fehlender Befugnisse des Parlaments mangelnde demokratische Substanz.

Mit dem im Mai 1999 in Kraft getretenen Vertrag von Amsterdam vom Oktober 1997 setzte sich die Gemeinschaft u.a. das in Art. 2 EUV erwähnte Ziel, nämlich „die Erhaltung und Weiterentwicklung der Union als Raum der Freiheit, der Sicherheit und des Rechts, in dem in Verbindung mit geeigneten Maßnahmen in bezug auf die Kontrollen an den Außengrenzen, das Asyl, die Einwanderung sowie die Verhütung und Bekämpfung der

---

[33] EuGH, Slg. 1998, I 2763, Rechtssache C-170/96 (Kommission ./. Rat).

Kriminalität der freie Personenverkehr gewährleistet ist."[34] Sie schuf sich mit dem neuen Titel IV des EG-Vertrags zum schrittweisen Aufbau dieses Raumes der Freiheit, der Sicherheit und des Rechts erstmals selbständige Kompetenzen. Sie bündelte diese Kompetenzen in den Bereichen „Visa, Asyl, Einwanderung und andere Politiken betreffend den freien Personenverkehr" und sicherte durch das Schengen-Protokoll (Nr.2) zur Einbeziehung des Schengen-Besitzstands in den Rahmen der Europäischen Union die Fortgeltung der bislang im Rahmen der Dritten Säule getroffenen Entscheidungen.[35] Eine Folge dieser Vergemeinschaftung war – so ist es in entsprechenden Protokollen festgehalten - , dass das Vereinigte Königreich und Irland sowie Dänemark an diesen Maßnahmen nicht teilnehmen. Während Dänemark keinesfalls an Maßnahmen nach Titel IV teilnimmt, können das Vereinigte Königreich und Irland sich ausnahmsweise daran beteiligen (*stay-out/opt-in* Sonderregelung).[36]

II. Neue Kompetenzen im Bereich von Asyl und Einwanderung

Von der grundlegenden Neuordnung der Bereiche Justiz und Inneres sowie des Rechts zur Abschaffung der Binnengrenzkontrollen soll hier nur der Ausschnitt Asyl und Einwanderung dargestellt werden.[37]

Als Ermächtigungsgrundlage für gemeinschaftliches Handeln im Bereich der künftigen Asyl-, Einwanderungs- und – wie es heißt - Vertriebenenpolitik[38] dient *Art. 63 EG*. Die Zuständigkeit der Gemeinschaft – sie ist nicht umfassend und auch nicht ausschließlich - konkurriert mit derjenigen der Mitgliedstaaten, d.h. die Länder bleiben solange zuständig, bis die Gemeinschaft für einen Bereich eine abschließende Regelung getroffen hat. Die

---

[34] Zu Entwicklung und Perspektiven dieses Raumes der Freiheit, der Sicherheit und des Rechts: *Monar* (2000).

[35] Ausführlich hierzu *Heimann* (1999), 61 ff. Der Schengen-Besitzstand gemäß Art. 1 Abs. 2 des Beschlusses 1999/435/EG des Rates vom 20. Mai 1999 ist jetzt veröffentlicht im ABl.EG L 239 vom 20.09.2000 (473 Druckseiten!). Siehe auch *Kuijper* (2000).

[36] *Hailbronner/ Thiery* (1998), 585.

[37] Siehe dazu die ausführliche Darstellung bei: *Heimann* (1999); *Hailbronner/ Thiery* (1998).

[38] Der Vertriebenenbegriff meint in Abgrenzung zum Flüchtlingsbegriff vertriebene Personen, die ihr Herkunftsland wegen bewaffneter Konflikte verlassen haben, jedoch nicht im Sinne der GFK verfolgt werden.

Gemeinschaft muss sich bei ihrer Rechtssetzung an das Subsidiaritätsprinzip nach Art. 5 EGV halten. Nach Nr. 6 S. 3 des Protokolls (Nr. 21) über die Anwendung der Grundsätze der Subsidiarität und der Verhältnismäßigkeit ist der Rat grundsätzlich gehalten, bei seinen Maßnahmen eine Richtlinie einer Verordnung vorzuziehen.

Maßnahmen des Rates – und hier handelt es sich um eine Handlungspflicht – im Bereich von Asyl, Einwanderung (Art. 63) und Rechte der Drittstaatsangehörigen (Art. 62) werden während eines Übergangszeitraums von fünf Jahren nach Inkrafttreten des Amsterdamer Vertrags einstimmig und auf Vorschlag der Kommission oder auf Initiative eines Mitgliedstaates und nach Anhörung des Parlaments entschieden. Allerdings gilt dieser Zeitplan gemäß Art. 63 letzter Satz EG nicht für die Förderung einer ausgewogenen Lastenverteilung, für Vorschriften bezüglich Einreise- und Aufenthaltsvoraussetzungen und Verfahren zur Erteilung langfristiger Visa und Aufenthaltstitel sowie Maßnahmen zur Festlegung der Aufenthaltsrechte Drittstaatsangehöriger.

Nach Ablauf der Übergangszeit werden Vorschriften über die Erteilung kurzfristiger Visa durch die Mitgliedstaaten sowie über ein einheitliches Visum im Mitentscheidungsverfahren nach Art. 251 (modifizierte Fassung von ex Art. 189b) EG erlassen. Für alle Bereiche des Titels IV EG gibt es dann kein mitgliedstaatliches Initiativrecht, d. h. das Vorschlagsmonopol der Kommission wird wiederhergestellt. Schließlich fasst der Rat einstimmig nach Anhörung des Europäischen Parlaments einen Beschluss, wonach auf alle oder einige Bereiche des Titels IV EG das Mitentscheidungsverfahren nach Art. 251 EG Anwendung findet. Gemäß Art. 68 EG unterliegt der neue Titel zwar der Auslegungshoheit des EuGH; hierbei sind jedoch einige Einschränkungen und Besonderheiten zu beachten, die vom bislang bekannten Rechtsschutzsystem erheblich abweichen[39], z.B. die Beschränkung der Vorlageverpflichtung auf einzelstaatliche Gerichte, deren Entscheidungen nicht mehr mit Rechtsmitteln des innerstaatlichen Rechts angefochten werden können.

Des weiteren sind Maßnahmen bezüglich des Überschreitens der Außengrenzen zu erwähnen. Der Rat erlässt gemäß Art. 62 Nr. 2 lit. b EG Vor-

---

[39] Ausführlich dazu *Heimann* (1999), 50 ff.

schriften über Visa von höchstens drei Monaten Gültigkeit. Hierzu erstellt er eine Liste der Drittländer, deren Staatsangehörige der Visumpflicht unterliegen (Negativliste), sowie der Drittländer, deren Staatsangehörige davon befreit sind (Positivliste). Damit wird die Zuständigkeit der Gemeinschaft im Vergleich zu Art. 100c EGV a. F. zu einer umfassenden Regelungskompetenz auf dem Gebiet der Visapolitik für Aufenthalte von bis zu drei Monaten erweitert. Neu ist die in Art. 62 Nr. 2 EG erwähnte Kompetenz der Gemeinschaft, Vorschriften für ein einheitliches Visum zu erlassen. Der Rat regelt ebenso Verfahren und Voraussetzungen für die Visumerteilung durch die Mitgliedstaaten. Nach der Erklärung Nr. 6 der Regierungskonferenz dürfen bei der Anwendung des Art. 62 Nr. 2 lit. b EGV auch außenpolitische Überlegungen berücksichtigt werden. Diese Regelung ist Teil der sog. Übernahme des *Schengen aquis*.

III. Die Entwicklung seit 1997

Der Rat (Justiz und Inneres) legte am 3. Dezember 1998 in Wien den „Aktionsplan des Rates und der Kommission zur bestmöglichen Umsetzung der Bestimmungen des Amsterdamer Vertrags über den Aufbau eines Raums der Freiheit, der Sicherheit und des Rechts" vor.[40] Der Plan soll „im Geiste interinstitutioneller Zusammenarbeit" (Ziff. 4) den allgemeinen Ansatz und die Philosophie des Konzepts eines „Raums der Freiheit, der Sicherheit und des Rechts" zum Ausdruck bringen. Anstelle fehlender rechtlicher Bindung von vielen bereits getroffenen Entschließungen und Empfehlungen sollen jetzt verbindliche Gemeinschaftsinstrumente und angemessene Überwachungsmechanismen eingesetzt werden. Im Hinblick auf den Raum der Freiheit soll bei der Einwanderungs- und Asylpolitik[41] der Bekämpfung der illegalen Einwanderung und der Integration sowie den Rechten der sich rechtmäßig aufhaltenden Drittstaatsangehörigen Priorität zukommen (Ziff. 8). Bei künftigen Maßnahmen wollen sich Rat und Kommission nicht nur vom Grundsatz der Subsidiarität, sondern gerade bei grenzüberschreitenden Herausforderungen vom Grundsatz der Solidarität zwischen den Mit-

---

[40] ABl.EG C 19/1 vom 23. Januar 1999.
[41] Zur Asylpolitik siehe *Huber* (2000) und zahlreiche Beiträge in: *Barwig* u.a. (1999), 407-556.

gliedstaaten und zwischen diesen und den europäischen Organen leiten lassen.

Der Rat betont, dass bei der Ausarbeitung von Maßnahmen der Tatsache gebührend Rechnung zu tragen sei, „dass es sich bei den Bereichen Asyl und Einwanderung um unterschiedliche Bereiche handelt, die unterschiedliche Ansätze und Lösungen erfordern" (Ziff.33). Seiner Ansicht nach sollte eine umfassende Migrationsstrategie entwickelt werden, bei der ein System europäischer Solidarität herausragende Bedeutung haben sollte.[42] Im folgenden wird nach zeitlichen Perioden (nach 2 bzw. 5 Jahren und so schnell wie möglich) gestaffelt ein Katalog von Maßnahmen formuliert, der Maßnahmen gemeinsam für Asyl und Einwanderung und jeweils gesondert für Asyl und Einwanderung vorsieht.

Während der Aktionsplan als Instrument der Planung und Organisation wichtige Impulse für die Selbstbindung der Gemeinschaftsorgane setzte, signalisierte der *Europäische Rat Tampere* zur Justiz- und Innenpolitik Mitte Oktober 1999 der europäischen Öffentlichkeit, dass sich die EU nach der wirtschaftlichen Integration mit Binnenmarkt und Währungsunion nun mit Nachdruck zu einer politischen Union mit einer gemeinsamen Innen- und Justizpolitik und zu einem wirklichen „Europa der Bürger" entwickelt. Die Schlussfolgerungen des Vorsitzes[43] dokumentieren den ernsthaften Willen zur Umsetzung der im Vertrag von Amsterdam vorgesehenen Möglichkeiten zur Verwirklichung des Raums der Freiheit, der Sicherheit und des Rechts, über dessen Ziele und Grundsätze ein offener Dialog mit der Bürgergesellschaft entwickelt werden soll. An der Spitze der – wie es heißt – „Meilensteine von Tampere" steht die Europäische Integration, die sich auf das gemeinsame Bekenntnis zur Freiheit gründet, das sich auf die Menschenrechte, demokratische Institutionen und Rechtsstaatlichkeit stützt. Weiter heißt es:

---

[42] Ziffer 34. des Beschlusses, Fn. 39. Der Beschluss unterscheidet zwischen binnen zwei Jahren zu ergreifenden Maßnahmen, Maßnahmen, die so schnell wie möglich ergriffen werden sollen, und binnen fünf Jahren zu ergreifende Maßnahmen.

[43] Bulletin Quotidien Europe Nr. 2158 vom 19.10.1999; Bulletin des Presse- und Informationsamtes der Bundesregierung vom 7.12.1999, 793; zu den Beschlüssen siehe *Wilhelm* (2000).

„Diese Freiheit sollte jedoch nicht als ausschließliches Vorrecht für die Bürger der Union betrachtet werden. Die Tatsache, dass sie existiert, hat Sogwirkung auf viele andere Menschen in der Welt, die nicht in der Freiheit leben, die die Unionsbürger als selbstverständlich empfinden. Es stünde im Widerspruch zu den Traditionen Europas, wenn diese Freiheit den Menschen verweigert würde, die wegen ihrer Lebensumstände aus berechtigten Gründen in unser Gebiet einreisen wollen. Dies erfordert wiederum, dass die Union gemeinsame Asyl- und Einwanderungspolitiken entwickelt und dabei der Notwendigkeit einer konsequenten Kontrolle der Außengrenzen zur Beendung der illegalen Einwanderung und zur Bekämpfung derjenigen, die diese organisieren und damit zusammenhängende Delikte im Bereich der internationalen Kriminalität begehen, Rechnung trägt."

Nach Ansicht des Europäischen Rates machen „die gesonderten, aber eng miteinander verbundenen Bereiche Asyl und Migration" die Entwicklung einer gemeinsamen Politik der EU erforderlich, die folgende Elemente einbezieht: Partnerschaft mit den Herkunftsländern, ein gemeinsames Europäisches Asylsystem, die gerechte Behandlung von Drittstaatsangehörigen und die Steuerung der Migrationsströme. Es verwundert nicht, dass der Europäische Rat Tampere auch die Modalitäten für die Einsetzung eines später Konvent genannten Gremiums zur Erarbeitung einer Grundrechtscharta der EU festlegte, bei dessen Arbeiten insbesondere die Fragen des Asyls eine wichtige Rolle spielten.

Von besonderer praktischer, vor allem aber politischer Bedeutung war der Auftrag an die Kommission, ein „Score-board" vorzulegen, das sämtliche Justiz- und Inneres-Aufträge des Amsterdamer Vertrags, des Wiener Aktionsplans von 1998 und des Europäischen Rates Tampere mit den jeweiligen Zieldaten in einem Dokument übersichtlich zusammenfasst. Dieses „Score-Board" oder - wie es auf Deutsch heißt: „Anzeiger" - ist im März 2000 als Mitteilung der Kommission an den Rat und das Europäische Parlament ergangen[44] und soll im November 2000 fortgeschrieben werden. Dieses Dokument fasst klar und übersichtlich sämtliche angedachten und

---

[44] Anzeiger der Fortschritte bei der Schaffung eines „Raumes der Freiheit, der Sicherheit und des Rechts" in der Europäischen Union, KOM(2000) 167 endgültig vom 24.3.2000.

geplanten und in Durchführung befindlichen Maßnahmen und erforderlichen Rechtssetzungsinstrumente zusammen, die zur Schaffung des Raums der Freiheit, der Sicherheit und des Rechts beitragen sollen. Insofern hat der „Anzeiger" nicht nur Orientierungsfunktion; er ist auch eine Art Kontrollinstrument, das Verantwortlichkeiten überprüfbar macht.

Das „Score-Board" ist Ergebnis von Beratungen mit den Mitgliedstaaten, mit dem Europäischen Parlament und mit Vertretern der „Zivilgesellschaft", wie z.B. UNHCR und NRO wie Amnesty International.[45] Die Kommission wird zusammen mit den Mitgliedstaaten zu den im „Score-Board" genannten Vorhaben Entwürfe für Rechtsakte vorlegen und kann hierzu in vielen Fällen auf früher vorgelegte Vorschläge zurückgreifen.

Mehr als sechs Jahre nach einem ersten Vorstoß zu einer liberal ausgerichteten Zuwanderungspolitik der EU hat die Europäische Kommission Ende November 2000 erneut einen Vorstoß unternommen und zwei Mitteilungen zur Wanderungs- und Asylpolitik vorgelegt.[46] Darin kommen jetzt deutlich wirtschaftliche Interessen der EU-Staaten zum Ausdruck: Angesichts der aus der demographischen Entwicklung resultierenden Finanzierungsprobleme der Altersversorgung sei das bisher vorherrschende Konzept eines Einwanderungsstopps nun überholt. Die Analyse der neuen Mitteilungen bedarf weiterer Untersuchungen.

IV. Einzelne Aktionsbereiche

Seit 1999, insbesondere im ersten Halbjahr 2000 ist auf dieser Grundlage von der Europäischen Kommission eine Reihe von Vorschlägen verabschiedet worden, aus der abzulesen ist, in welche Richtung die Politik der Ge-

---

[45] Siehe auch *Peers* (2000) und *Niessen/Rowlands* (2000), deren Beitrag Diskussionsergebnisse dreier maßgeblicher NROs ist, dem „European Network against Racism (ENAR, Brüssel), der Immigration Law Practitioners` Association (ILPA, London) und der Migration Policy Group (MPG, Brüssel). Beteiligt an diesen Arbeiten sind *Guild, Niessen, Peers* und *Rowlands*. Zur Rolle der Nichtregierungsorganisationen siehe *Niessen* (2000).

[46] Mitteilung der Kommission an den Rat und das Europäische Parlament über eine Migrationspolitik der Gemeinschaft, KOM (2000) 757 endgültig vom 22.11.2000 und die Mitteilung der Kommission an den Rat und das Europäische Parlament für ein gemeinsames Asylverfahren und einen unionsweit geltenden einheitlichen Status für die Personen, denen Asyl gewährt wird, KOM (2000) endgültig vom 22.11.2000.

meinschaft geht. Diese Maßnahmen sind im folgenden näher vorzustellen und zu bewerten.

1. Maßnahmen bezüglich des Überschreitens der Außengrenzen der EU für höchstens drei Monate (Art. 62 Nummer 2 EG)

Ende Januar 2000 veröffentlichte die Kommission den Vorschlag für eine *"Verordnung des Rates zur Aufstellung der Liste von Drittländern, deren Staatsangehörige beim Überschreiten der Außengrenzen im Besitz eines Visums sein müssen, sowie der Liste von Drittländern, deren Staatsangehörige von dieser Visumspflicht befreit sind"*.[47] Dieser Vorschlag knüpft an den im Rahmen des alten Art. 100c EGV verfolgte Ziel und den „Schengenaquis" an und entwickelt ihn auf der Grundlage von Art. 62 Nummer 2 Buchst. b) EG fort. Mit dieser Maßnahme soll die vollständige Harmonisierung der für Drittstaatsangehörige geltenden Visumsregelung für Drittländer erreicht werden. Gleichzeitig soll den Mitgliedstaaten auch weiterhin die Möglichkeit eingeräumt werden, für bestimmte Personengruppen Ausnahmen, insbesondere aus völker- und gewohnheitsrechtlichen Gründen, vorzusehen. Unterschiedliche Vorstellungen bestehen innerhalb des Rates zu den jeweiligen Länderlisten. Mit der Vorlage eines geänderten Vorschlags der Kommission ist demnächst zu rechnen, nachdem man sich beim Treffen der Innenminister in Paris am 28.9.2000 darauf einigen konnte, dass die beitrittsuchenden Länder Bulgarien und Rumänien in die Positivliste aufzunehmen sind.[48]

2. Asyl- und Vertriebenenpolitik (Art. 63 Nummern 1 und 2 EG)

Die Kommission legte Anfang März 1999 ein Arbeitsdokument *"Gemeinsame Normen für das Asylverfahren"*[49] vor, das einen Anstoß zur Debatte über die Asylverfahren im Rat und im Parlament geben sollte. Dieses Ar-

---

[47] KOM (2000) 27 endgültig vom 26.1.2000.
[48] Bulletin Quotidien Europe Nr. 7809 vom 29.9.2000.
[49] KOM SEK (1999) 271 endg. vom 3.3.1999. Siehe auch den Bericht über das Arbeitsdokument vom Ausschuss für die Freiheiten und Rechte der Bürger, Justiz und innere Angelegenheiten des Europäischen Parlaments vom 19.4.2000, Berichterstatter Ingo Schmitt, PE 285900.

beitsdokument liest sich wie ein Legislativprogramm für asyl- und schutzbezogene Maßnahmen, die nach dem Inkrafttreten des Amsterdamer Vertrags auf der Grundlage von Art. 63 Nummern 1 und 2 EG umgesetzt werden sollen. Im Zentrum stehen Vorschläge der Kommission für Rechtsinstrumente der Gemeinschaft für Mindestnormen im Asylverfahren.

a) Im Mai 2000 hat die Europäische Kommission den Vorschlag für eine nach Art. 63 Nummer 2 Buchst. a) EG zu verabschiedende „*Richtlinie des Rates über Mindestnormen für die Gewährung vorübergehenden Schutzes im Falle eines Massenzustroms von Vertriebenen und Maßnahmen zur Förderung einer ausgewogenen Verteilung der Belastungen, die mit der Aufnahme dieser Personen und den Folgen dieser Aufnahme verbunden sind, auf die Mitgliedstaaten*" vorgelegt.[50] Diese Maßnahme gehört zu den im Wiener Aktionsprogramm 1998 genannten „so schnell wie möglich" zu ergreifenden Maßnahmen. Vor dem Hintergrund der Konflikte im ehemaligen Jugoslawien und dem Kosovo soll vor allem eine Überlastung des Asylsystems verhindert werden. Die Neuerungen des Vorschlags betreffen nicht nur die uneingeschränkte Anwendung der Genfer Flüchtlingskonvention, sondern auch die Verkürzung der Höchstdauer für den vorübergehenden Schutz auf zwei Jahre, die Vereinfachung des Beschlussverfahrens, die Präzisierung der Pflichten der Mitgliedstaaten gegenüber den durch den vorübergehenden Schutz begünstigten Personen und integrierte Solidaritätsmechanismen einerseits in Form von finanzieller Solidarität mit Hilfe eines transparenten Finanzierungsinstruments der Gemeinschaft, andererseits in Form der konkreten Aufnahme auf der Grundlage der Freiwilligkeit sowohl des Aufnahmestaates wie auch der aufzunehmenden Personen.

Mit der Verabschiedung dieser Richtlinie würde ein jahrelang andauerndes Ringen beendet, um den Schutzinteressen der Menschen, der uneingeschränkten Anwendung der Genfer Konvention, den mit dem Massenzustrom verbundenen Zwängen und den Interessen der Staaten Rechnung zu tragen.

b) Einen Vorschlag für eine „*Entscheidung des Rates über die Errichtung eines Europäischen Flüchtlingsfonds*" hatte die Kommission bereits Ende

---

[50] KOM (2000) 303 endgültig vom 24.5.2000.

1999 vorgelegt.[51] Der Vorschlag geht zurück auf „Ein Aktionsprogramm der Gemeinschaft zur Förderung der Integration von Flüchtlingen"[52] von 1998 zurück. Dem am 15. September 2000 vorgelegten geänderten Vorschlag[53] folgte kurz danach die Verabschiedung der Ratsentscheidung.[54] In Konkretisierung des globalen solidarischen Ansatzes des Amsterdamer Vertrags zielt die Entscheidung darauf ab, eine ausgewogene Verteilung der Belastungen der Mitgliedstaaten im Asylbereich durch die Einführung eines Systems zu begünstigen, das eine proportionale Aufteilung der Mittel zu den von jedem Mitgliedstaat übernommenen Lasten ermöglicht. Der Beschluss ist eine Antwort auf die vom Europäischen Rat Tampere erhobenen Forderungen, ein System für dringende, durch Massenzustrom, z.B. von Flüchtlingen entstandene Situationen zu entwickeln, ohne dabei die langfristigen Maßnahmen in Frage zu stellen. Vorgesehen sind jährliche Mittel von 500.000 EUR für 2000 bis 2004, jährlich jeweils um 100.000 EUR abnehmend. Mittel sind z.B. für Kosten der Aufnahmebedingungen oder Sofortmaßnahmen wie Unterbringung, Unterhalt und medizinische Versorgung gedacht.

c) Frühere Entwürfe konnten nicht verabschiedet werden: Jetzt ermöglicht die neue Vertragsgrundlage des Art. 63 Nummer 1 Buchst. a) den Erlass einer „*Verordnung (EG) des Rates über die Einrichtung von „Eurodac" für den Vergleich der Fingerabdrücke von Asylbewerbern und bestimmten anderen Ausländern*".[55] Der Kommissionsvorschlag hierzu wurde im Mai dieses Jahres vorgelegt. Er versteht sich als flankierende Maßnahme in bezug auf Asyl. Der Rat hat diese Verordnung entsprechend Art. 67 EG während des Übergangszeitraums bis 2004 anzunehmen. Bislang haben weder das Vereinigte Königreich und Irland noch Dänemark erkennen lassen, dass sie an der Entscheidung teilnehmen wollen.

Es geht hierbei um die Errichtung des Eurodac-Systems für das Sammeln und den Vergleich der Fingerabdrücke von Asylbewerbern und gewissen anderen Ausländern, also einer Datenbank, die die Anwendung der

---

[51] KOM (1999) 686 endg. vom 14.12.1999. Siehe dazu die Stellungnahme des Ausschusses der Regionen vom 14./15.Juni 2000, CdR 80/2000 fin.
[52] KOM (1998) 731 endg. vom 16.12.1998; ABl.EG C 36/20 vom 10.2.1999.
[53] KOM (2000) 533 endgültig vom 15.09.2000.
[54] ABl.EG L 252/12 vom 6.10.2000.
[55] KOM (1999) 260 endg. vom 26.5.1999

Dubliner Konvention von 1990 erleichtern soll. Derzeit streiten sich der Rat und das Europäische Parlament darum, wem die Ausführungsbefugnis zustehen soll. Der Rat hatte den Text des ursprünglichen Vorschlags geändert und der Kommission die Ausführungsbefugnis entzogen. Inzwischen streitet das Parlament mit der Kommission und dem Rat darum, von welchem Alter an (ab 14 oder erst ab 18) Fingerabdrücke genommen werden dürfen.[56]

d) Als ein erster Schritt für ein einheitliches europäisches Asylsystem dürfte ein weiterer Vorschlag der EU-Kommission für eine *„Richtlinie des Rates über Mindestnormen für Verfahren in den Mitgliedstaaten zur Zuerkennung oder Aberkennung der Flüchtlingseigenschaft"*[57] anzusehen sein, der von der Kommission am 20. September 2000 angenommen worden ist. Mit dieser Maßnahme soll ein einfaches, schnelles und effizientes Verfahren gefunden werden, das rechtsstaatlichen Kriterien bei der Behandlung von Asylgesuchen entspricht. Es sollen Mindeststandards geschaffen werden. Von besonderem Interesse wird die Regelung betreffend das gesamte Rechtsmittelverfahren sein. Der Entwurf sieht Garantien für ein faires Verfahren und Mechanismen und Instrumente für ein effizientes Verfahren vor.

e) Derzeit wird im Rat „Justiz und Inneres" über einen Entscheidungsvorschlag zu den Bedingungen für die Aufnahme von Asylbewerbern beraten. In Tampere hat der Europäische Rat die Harmonisierung der Aufnahmebedingungen von Asylbewerbern als ein Kernelement der europäischen Asylpolitik bezeichnet. Die Debatten im Rat dürften bis zur Vorlage eines Richtlinienvorschlags der Kommission besonders zu drei Punkten kontrovers diskutiert werden: Die räumliche Beschränkung des Aufenthaltsrechts, ein angemessenes Harmonisierungsniveau bei der finanziellen und materiellen Unterstützung der Asylbewerber und das Rechtsmittelverfahren. Nicht in allen Mitgliedstaaten bestehen vergleichbare Vorschriften wie in Deutschland zur räumlichen Beschrän-

---

[56] Vgl. Bulletin Quotidien Europe Nr. 7804 vom 22.9.2000. Zur streitigen Debatte siehe auch: Bericht des Abgeordneten im Europäischen Parlament *Hubert Pirker* vom 1.9.2000, PE 285.937.

[57] KOM (2000) 578 endgültig vom 20.9.2000.

kung[58] der Bewegungsfreiheit von Asylbewerbern und zur Versorgung nach dem Asylbewerberleistungsgesetz.[59]

3. Einwanderungspolitik (Art. 63 Nummer 3 EG)

Das Einwanderungsthema scheint den Institutionen der EU wohl am meisten Kopfzerbrechen zu machen. Von zahlreichen erwarteten Maßnahmen im Bereich Einwanderung ist bislang eine, freilich sehr wichtige Anfang Dezember 1999 vorgelegt worden, nämlich der in allen Mitgliedstaaten bereits heftig diskutierte Vorschlag der *„Richtlinie des Rates über das Recht auf Familienzusammenführung"*.[60] Mit dieser Initiative beginnt die Kommission ihre Einwanderungsvorstellungen mit einem Vorschlag für eine legale Einreise und einen legalen Aufenthalt in der EU zu konkretisieren. Diese Initiative ist als erster Schritt hin zu einer aktiven europäischen Einwanderungspolitik anzusehen, mit dem sich die Kommission gleichzeitig von dem Konzept eines Einwanderungsstopps distanziert, das Mitte der 80er Jahre in großen Teilen Europas, insbesondere in Deutschland praktiziert wurde. Dass die Familienzusammenführung gewählt wurde, hat nicht nur gesellschaftliche Gründe. Einreise und Aufenthalt zum Zwecke der Familienzusammenführung stehen auch in einem spezifischen internationalrechtlichen Rechtsrahmen (UN-Menschenrechtspakte von 1966, Übereinkommen der ILO Nr. 143, GFK, Übereinkommen über die Rechte des Kindes von 1989, EMRK, Europäische Sozialcharta). Dass der Vorschlag einen weit gefassten Familienbegriff zugrunde legt, zeigt sich an der Einbeziehung nicht nur der Ehegatten und Kinder, sondern auch der Großeltern, Verwandten, nicht verheirateten Paaren und gleichgeschlechtlichen Partner.

---

[58] Vgl. § 56 Asylverfahrensgesetz in der Fassung der Bekanntmachung vom 27. Juli 1993, BGBl. I S. 1361.

[59] Asylbewerberleistungsgesetz in der Fassung der Bekanntmachung vom 5.8.1997, BGBl. I S. 2022.

[60] KOM (1999) 638 endgültig vom 1.12.1999.

4. Aufenthaltsrecht der Drittstaatsangehörigen (Art. 63 Nummer 4 EG)

Im Rahmen der Einwanderungspolitik der EU hatte die Kommission Mitte 1997 auf der Grundlage von Art. K 3 Abs. 2 Buchst. c) des dritten Pfeilers des Maastrichter Unionsvertrags den *„Vorschlag für einen Rechtsakt des Rates über die Ausarbeitung des Übereinkommens zur Regelung der Zulassung von Drittstaatsangehörigen dritter Länder in das Hoheitsgebiet der Mitgliedstaaten"*[61] vorgelegt. Darin ist das Konzept der Freizügigkeit von Drittstaatsangehörigen mit Daueraufenthaltsrecht in einem Mitgliedsland bislang am deutlichsten entwickelt. Schon damals ging die Kommission davon aus, dass mit dem Inkrafttreten des Amsterdamer Vertrags die Einwanderungspolitik vergemeinschaftet werden würde, und kündigte deshalb zu gegebener Zeit einen neuen Vorschlag in Form einer Richtlinie an. Es ist derzeit nicht abzusehen, wann die Kommission ihren Vorsatz umsetzen wird.

Schließlich ist zum Thema der grenzüberschreitenden Wanderung von Drittstaatsangehörigen auf zwei Richtlinienvorschläge der EU-Kommission zum Thema: *„Drittstaatsangehörige in der EU: Freizügigkeit für Arbeitnehmer oder Entsendung von Arbeitnehmern im Rahmen der Dienstleistungsfreiheit für Unternehmer"* hinzuweisen.[62]

D. Perspektiven

- Der Amsterdamer Vertrag hat die Bereiche Freier Personenverkehr, Asyl und Einwanderung teilweise vergemeinschaftet. Damit hat die Gemeinschaft einen wichtigen Kompetenzzuwachs erhalten – und wohl auch einen Effizienzgewinn gegenüber dem vorherigen Status. Dies wird beides erst nach Ablauf der fünf Jahre zum Tragen kommen, da bis dahin das Einstimmigkeitsprinzip herrscht. Danach kann der Rat einstimmig beschließen, dass auf alle unter den Titel IV fallenden Bereiche das Mitentscheidungsverfahren nach Art. 271 anzuwenden ist. Damit

---

[61] KOM (97) 387 end. vom 30.7. 1997.
[62] KOM (2000) 271 endg. vom 8.5.2000.

würden Entscheidungen des Rates erleichtert werden, und auch das Europäische Parlament erhielte mehr Einflussmöglichkeiten.

- Der Vergemeinschaftungsprozess führt zu einer teilweisen Europäisierung der Innenpolitik. Dies macht deutlich, dass Migrationsfragen tendenziell mit Fragen der Inneren Sicherheit verbunden bleiben. Diese Tendenz lässt sich an zahlreichen, parallel zur Migrationspolitik im engeren Sinne eingeleiteten Vorhaben ablesen; die Etablierung von EUROPOL und das Eurodac-Überwachungssystem sind die prominentesten Beispiele dafür. Es bleibt schwer vorauszusehen, ob sich europäische Einwanderungs- und Asylpolitik doch noch als eigenständiger Politikbereich herausbilden können, in dem zivilgesellschaftliche, nationalstaatliche und Gemeinschaftsinteressen ebenso Eingang finden wie außen- und entwicklungspolitische.

- Die im Prozess der Europäisierung von Migrationspolitik praktizierte Einbeziehung von Nichtregierungsorganisationen in den politischen Konsensbildungsprozess zwischen den Mitgliedstaaten und der Gemeinschaft scheinen mir das auffälligste Merkmal einer Fortentwicklung der Gemeinschaft hin zu einer politischen Union zu sein.

Literatur:

Baer, Susanne (2000), Grundrechtscharta ante portas, Zeitschrift für Rechtspolitik, 361-364

Eichenhofer, Eberhard (Hrsg.) (1999), Migration und Illegalität, IMIS-Schriften 7, Osnabrück

Fischer, Joschka (2000), Vom Staatenbund zur Föderation – Gedanken über die Finalität der Europäischen Integration, integration 3, 149-156

Freckmann, Anke, Green Card ist nicht alles: Beschäftigung von Ausländern in Deutschland, Betriebs-Berater 2000, 1402-1407

Gaul, Björn/Stefan Lunk (2000), Greencard: Chancen und Probleme bei der Beschäftigung ausländischer Arbeitnehmer im IT-Bereich, Der Betrieb, 1281-1284

Groenendijk, Kees (1994), Europäische Migrationspolitik: Festung Europa oder das Aufrechterhalten imaginärer Grenzen?, in: K.Barwig/ G.Brinkmann/ B.Huber/ K.Lörcher/ C.Schumacher (Hrsg.), Asyl nach der Änderung des Grundgesetzes, Baden-Baden 1994, 57-70

Hailbronner, Kay/ Thiery, Claus (1998), Amsterdam – Vergemeinschaftung der Sachbereiche Freier Personenverkehr, Asylrecht und Einwanderung sowie Überführung des Schengenbesitzstands auf EU-Ebene, in: Europarecht (EuR), 583-615

Hailbronner, Kay (Hrsg.) (1999), Von Schengen nach Amsterdam. Auf dem Weg zu einem europäischen Einwanderungs- und Asylrecht, Köln

Heimann, Josef, (1999), „Visa, Asyl, Einwanderung und andere Politiken betreffend den freien Personenverkehr" – der neue Titel IV EGV unter besonderer Berücksichtigung des Schengen-Protokolls, ZERP-Diskussionspapier 2/99, Bremen

Hönekopp, Elmar/ Werner, Heinz (1999), Droht dem deutschen Arbeitsmarkt eine Zuwanderungswelle?, IAB-Kurzbericht Nr. 7/17.8.1999

Huber, Bertold (2000), Die europäische Asylpolitik nach Inkrafttreten des Amsterdamer Vertrages, Informationsbrief Ausländerrecht, 302-307

Jachtenfuchs, Markus/Kohler-Koch, Beate, (Hrsg.) (1996), Europäische Integration, Heidelberg

Kuijper, P.J. (2000), Some legal problems associated with the communitarization under the Amsterdam treaty and incorporation of the Schengen aquis, Common Market Law Review (CMLR) 37: 345-366

De Master, Sarah/ LeRoy, Michael K. (2000), Xenophobia and the European Union, Comparative Politics, Vol. 32, No. 4, July, 419-436

Meyer, Jürgen (2000), Die Aufnahme des Prinzips der Solidarität in die Charta, EU-Magazin 10, 16

Monar, Jörg (2000), Die Entwicklung des „Raumes der Freiheit, der Sicherheit und des Rechts": Perspektiven nach dem Vertrag von Amsterdam und dem Europäischen Rat von Tampere, Integration 1/, 18-33

Niessen, Jan (1999), International Migration on the EU Foreign Policy Agenda, European Journal of Migration and Law (EJML) 1, 483-496

Niessen, Jan (2000), The Amsterdam Treaty and NGO Responses, European Journal of Migration and Law (EJML) 2, 203-214

Niessen, Jan/Susan Rowlands (eds) (2000), The Amsterdam Proposals or how to influence policy debates on asylum and migration, Brussels.

Peers, Steve (1998), Building Fortress Europe: The Development of EU Migration Law, Common Market Law Review 35: 1235-1272

Peers, Steve et al. (2000),The Amsterdam Proposals. The ILPA/MPG proposed directives on immigration and asylum (Elspeth Guild, Jan Nissen, Susan Rowlands), Brussels

Pernice, Ingolf (2000), Eine Grundrechte-Charta für die Europäische Union, Deutsches Verwaltungsblatt, 847-859

Pfaff, Viktor (2000), Anmerkungen zur Green Card-Diskussion, Kritische Justiz, 147-158

Schieffer, Martin (1998), Die Zusammenarbeit der EU-Mitgliedstaaten in den Bereichen Asyl und Einwanderung, Baden-Baden

Schily, Otto, Die Europäisierung der Innenpolitik, Neue Zeitschrift für Verwaltungsrecht 2000, 883-889

Sell, Stefan (2000), Demographie und Sozialpolitik: Herausforderungen durch die Bevölkerungsentwicklung, Sozialer Fortschritt, 217-219

Taschner, Hans C. (1998), Schengen, Baden-Baden

Twomey, Patrik (2000), Europe's Other Market. Trafficking in People, European Journal of Migration and Law 2: 1-36

Weber, Albrecht (1998), Möglichkeiten und Grenzen europäischer Asylrechtsharmonisierung vor und nach Amsterdam, Zeitschrift für Ausländerrecht und Ausländerpolitik (ZAR) 1998, 147-152

Weber, Albrecht (2000), Die Europäische Grundrechtscharta – auf dem Weg zu einer europäischen Verfassung, Neue Juristische Wochenschrift, 537-544

Wilhelm, Heinz (2000), Der Europäische Rat Tampere zur Justiz- und Innenpolitik, Zeitschrift für Gesetzgebung, 63-68

Zürn, Michael (1998), Regieren jenseits des Nationalstaates, Frankfurt a.M.

Margot Kessler

Europäische Einwanderungs- und Flüchtlingspolitik: Initiativen des Europäischen Parlaments

Am 18. Juni 2000 rüttelte uns die Nachricht vom tragischen Tod von 58 Einwanderern auf, die in einem Lastwagen an der britischen Grenze in Dover gefunden wurden. Dieser dramatische Tod von Frauen und Männern erschütterte uns zutiefst und machte mit Entsetzen deutlich, was für große Hoffnungen auf Europa gesetzt werden. Bei einer Aussprache hierzu im Europäischen Parlament bekundeten sowohl Vertreter des Rates, der Kommission als auch Abgeordnete verschiedener Fraktionen ihre Bestürzung.

Ich meine, natürlich ist diese Trauer und Bestürzung berechtigt, aber ist sie nicht auch eine Spur scheinheilig, denn die Flüchtlinge sterben in der Straße von Gibraltar, in der Oder und in stickigen Lastwagen. In den letzten Jahren fischten Italiens Küstenwachen über 400 Tote aus dem Meer. Dutzende von Menschen stehen auf Vermisstenlisten. Und von vielen, die irgendwann in Sri Lanka oder Kurdistan aufbrachen und auf dem Weg über die Adria verschwanden, blieb nicht einmal eine statistische Spur.

Was tun die europäischen Staaten in Sachen Flüchtlingspolitik?

- Spanien: Die Zahl der Gastarbeiter nimmt rasch zu. Spanien hat eine Legalisierungskampagne vollzogen und bereits 85.000 Illegalen eine Aufenthaltsberechtigung erteilt. Die Regierung Aznar möchte ein neues Ausländergesetz auf den Weg bringen, nach dem den Illegalen die sofortige Abschiebung droht. Die sozialistische Oppositionspartei PSOE appelliert an die Regierung, von einer „breiten Abschiebung" abzusehen. Trotz 15 % Arbeitslosigkeit (höchste Rate in Europa) braucht Spaniens Landwirtschaft die billigen illegalen Arbeitskräfte. Aus diesem Grund hat sich Madrid bisher nicht dazu durchringen können, eindeutige Maßnahmen gegen die illegale Einwanderung zu ergreifen. Eine kontrollierte Aufnahme von Saisonarbeitern hat es aber ebenso wenig gegeben.

- Die Brüsseler Regierung gab in einer groß angelegten Aktion im Jahr 1999 den schätzungsweise 70.000 Illegalen in Belgien die Chance zur Einbürgerung. Dazu wurden Grenzkontrollen wieder eingeführt, was im Einklang mit dem Schengenabkommen steht. Der Tod einer Nigerianerin bei einer Abschiebeaktion brachte die Forderung nach einer dauerhaften Lösung der Asylpolitik auf die Tagesordnung. Ziel dieser Politik ist es, Asylverfahren zu beschleunigen und bereits in Belgien lebende Einwanderer besser zu integrieren.

Rund 5.000 Ausländer haben im Dezember 1999 in Belgien einen Asylantrag gestellt. Davon sind weniger als 200 mit dem Flugzeug ins Land gekommen. Die Anderen wurden über die Grenzen geschleust. „Belgien ist zum begehrten Transitland geworden, weil es die weit verbreitete Korruption einfacher macht, an den Grenzen durchzukommen", kritisiert die Grüne Abgeordnete Patsy Sörensen, die sich seit mehr als 10 Jahren mit Mafia und Menschenschmuggel befasst.

- Italien fühlt sich mit seiner 7.500 km langen Küste allein gelassen von seinen europäischen Partnern. Der Europaabgeordnete Berlusconi verlangt sogar, dass auf die Boote in der Adria geschossen werden soll. Jährlich kommen ca. 100.000 Flüchtlinge über das Meer nach Europa.

- In der letzten Straßburgwoche machte mein französischer Kollege Caudron auf das Lager Sangatte bei Calais aufmerksam. Seit September 1999 haben 16.000 Menschen in diesem Lager Zuflucht gefunden. Ständig haben 400 bis 600 in diesem Lager eine provisorische Bleibe. Sie werden vom französischen Sozialministerium mit dem Nötigsten versorgt. Das Aufnahmezentrum wird vom Roten Kreuz betrieben. Die Engländer kritisieren die Franzosen für ihren angeblich toleranten Umgang mit den Flüchtlingen. Eine Delegation britischer Abgeordneter hat Sangatte besucht. Aber wohin sollen diese Flüchtlinge ausgewiesen werden? – es handelt sich um rechtlose Flüchtlinge ohne jeglichen Status.

Ein belgischer Abgeordneter von den Liberalen hat auch am 2.10.2000 darauf aufmerksam gemacht, dass in der Nähe seines Heimatortes, nahe der französischen Grenze, 45 Flüchtlinge, darunter 15 Kinder, auf dem Feld angetroffen wurden. Sie waren von der französischen Polizei über die Grenze gebracht worden.

Das ist der Flickenteppich auf diesem Politikfeld, den Europa heute bietet.

Die Ausländerbehörde einer deutschen Stadt droht einem österreichischen Staatsbürger, ihn und seine Tochter abzuschieben, falls er keinen gültigen Pass für sich und seine Tochter vorlegt. Diese Handlung ist natürlich nicht von den in der Bundesrepublik Deutschland geltenden Rechtsvorschriften gedeckt, aber Staatsangehörige eines Mitgliedstaates der EU, die ihren Aufenthalt nicht nur vorübergehend in Deutschland haben, sind auch im Ausländerzentralregister gespeichert, weil eine vollständige rechtliche Gleichstellung dieser Staatsangehörigen mit deutschen Staatsbürgern bislang nicht erfolgt ist.

Warum sage ich das? Nach einem Jahr im Europäischen Parlament, als Mitglied im Innen- und Petitionsausschuss, habe ich gelernt, dass es leichter ist, einen Sack Kartoffeln durch die EU zu schicken, als die Freizügigkeit der EU-Bürger reibungslos zu verwirklichen. Um wie viel schwieriger gestaltet es sich, eine harmonisierte oder einheitliche Flüchtlings- und Asylpolitik zu gestalten. Wie Sie wissen, bemühen sich die Mitgliedstaaten seit Mitte der 80er Jahre darum, wie im Zuge des Abbaus der Grenzkontrollen die Einreise von Bürgern aus Drittstaaten kontrolliert werden kann. Und das vor dem Hintergrund, dass die EU-Bevölkerung mit einem beschleunigten Überalterungsprozess konfrontiert wird, wobei es weniger Menschen unter 15 Jahren gibt und die Bevölkerung im erwerbsfähigen Alter immer älter wird.

Die EU-Kommission und bestimmte Ratsinitiativen versuchen, Schwung in die zukünftige EU-Flüchtlings- und Asylpolitik zu bringen.

Die Kommission hat im März 2000 eine Art „Anzeigetafel" verabschiedet („scoreboard"), die für alle Aspekte der gemeinsamen Innen- und Justizpolitik die Ziele auflistet, was die einzelnen Länder geleistet haben, die Instrumente, und vor allem: die Termine. Mit einem vergleichbaren Plan brachte die Kommission Mitte der 80er neue Fahrt in die Verwirklichung des EU-Binnenmarktes – heute das Prunkstück der europäischen Einigung. Aber das politische Europa lässt weiter auf sich warten.

Es stimmt zwar, dass der seit Mai 1999 geltende Vertrag von Amsterdam festlegt, dass die Union binnen fünf Jahren zu einer gemeinsamen Handhabung von Asyl, Einwanderung, Flüchtlingsaufnahme und dem Schutz der EU-Außengrenzen finden soll. Aber fast alle Beschlüsse müssen einstimmig gefasst werden, wie Sie sich vorstellen können, ist dies einer Entscheidungsfindung nicht förderlich. Aus diesem Grund muss davon ausgegangen werden, dass es vor 2004 nicht zu einer gemeinsamen EU-Asyl- und Einwanderungspolitik kommen wird. Das Einstimmigkeitsprinzip haben wir zu nicht unerheblichen Teilen dem Druck der CSU auf die Regierung Kohl zu verdanken. Somit wird 2004 nicht automatisch vom Einstimmigkeitszwang auf Mehrheitsbeschlüsse umgeschaltet werden, sondern erst 2004 können die Staats- und Regierungschefs wiederum einstimmig beschließen, nach 2004 per Mehrheit zu entscheiden.

Der Wunsch von Romano Prodi, Präsident der Kommission, ist es, möglichst rasch auf die Mehrheits-beschlüsse umzustellen. In der Tat würde man auf diese Weise das nationale Vetorecht abschaffen, und anders scheint es mir nicht möglich, den versprochenen Raum der Freiheit, der Sicherheit und des Rechts zu verwirklichen. Mehrheitsentscheidungen bedeuten zugleich mehr Macht für das Parlament, da bei Mehrheitsentscheidungen des Rates in der Regel die Zustimmungen des EP nötig sind. Das Parlament wird jetzt nur konsultiert. Eine Gelegenheit für Veränderung bietet die angelaufene Reform der EU-Entscheidungsmechanismen, und wir setzen große Hoffnungen auf Biaritz und Nizza.

Die Formulierung einer gemeinsamen Flüchtlingspolitik stellt sich noch immer als ein zähes Ringen um konsensfähige Lösungen zwischen der Kommission, dem Parlament und dem Rat sowie den konservativen und den liberalen Kräften dar.

Die Integrations- und Migrationspolitik ist ein Reizthema in der EU. Hier treffen bei jeder Diskussion im Ausschuss die gegensätzlichen Positionen der Konservativen auf der einen und der Sozialdemokraten, Grünen und Liberalen auf der anderen Seite zusammen.

Gemeinsame Flüchtlingspolitik

Die Umsetzung der durch den Amsterdamer Vertrag gemachten Vorgaben erfolgt in einer Reihe von Einzelinstrumenten, welche zu einem gemeinsamen Asylsystem führen sollen. Die Europäische Kommission hat acht Themen aufgelistet, die das Legislativprogramm bilden:

1. Kriterien und Verfahren zur Bestimmung des Mitgliedstaates, der für die Prüfung eines Asylantrages zuständig ist,
2. Fingerabdruckdatei,
3. Mindestnormen für die Aufnahme von Asylbewerbern,
4. Mindestnormen für die Anerkennung von Staatsangehörigen dritter Länder als Flüchtlinge,
5. Mindestnormen für die Verfahren in den Mitgliedstaaten zur Zuerkennung oder Anerkennung der Flüchtlingseigenschaft,
6. Mindestnormen für den komplementären/subsidiären Schutz von Personen, die internationalen Schutz bedürfen,
7. Mindestnormen für den vorübergehenden Schutz von vertriebenen Personen aus dritten Ländern, die nicht in ihr Herkunftsland zurückkehren können,
8. Förderung einer ausgewogenen Verteilung der Belastungen auf die Mitgliedstaaten, die mit der Aufnahme von Flüchtlingen und vertriebenen Personen verbunden sind.

Das Europäische Parlament verlangte eine Straffung der acht Titel auf drei oder vier Legislativakte.

Die wesentlichen Schwierigkeiten liegen in der Auslegung von Rechtsvorschriften, dem Bestehen unterschiedlicher Rechtsstellungen für Flüchtlinge bzw. de facto Flüchtlinge sowie einem unzureichenden System zur Identifizierung der Antragsteller.

Das Europäische Parlament hat mit der Annahme des Berichtes von Ingo Schmitt (EVP) über das Arbeitsdokument der Europäischen Kommission „Gemeinsame Normen für Asylverfahren" speziell folgende Punkte befürwortet:

- Eine Politik der Teilung der Belastung;

- eine strikte Unterscheidung zwischen Asylbewerbern im Sinne der Genfer Flüchtlingskonvention, der Zuwanderung aus wirtschaftlichen oder anderen Gründen und der vorübergehenden Aufnahme von Flüchtlingen aus Krisenregionen.

Das Europäische Parlament folgte dem Vorschlag der Kommission, das Asylrecht in zwei Stufen zu harmonisieren, weist aber darauf hin, dass auch an der ersten Stufe der Harmonisierung grundsätzlich die Verfahrensrechte und Verfahrensschritte in der EU alle gleich und zwingend geregelt sein sollten, der verbleibende Spielraum für die Mitgliedstaaten darf die Harmonisierung des Asylrechts nicht unterlaufen.

Kommissar Vitorino, der schon eher gestanden hat, dass das Konzept der Nulleinwanderung nicht funktioniert, hat sich im Ausschuss vorige Woche zu der Richtlinie zu den Mindestnormen des Asylrechtes geäußert - es soll ein „schnelles, einfaches und gerechtes" Verfahren sein, und ein Entwurf soll noch vor Ende 2000 von der Kommission vorgelegt werden, was dann langfristig zu einem einheitlichen Asylsystem, wie Tampere es vorsieht, führen soll. Und es soll nicht der kleinste gemeinsame Nenner sein, sondern ein gemeinsames festgelegtes Niveau beinhalten, damit keine „sekundären Bewegungen" entstehen. Nun hoffe ich sehr, dass sich Kommissar Vitorino mit dieser Linie durchsetzen wird, weil bis jetzt Asyl für mich eine rein humanitäre Geste eines Empfängerstaates ist. In der gerade ausgearbeiteten Grundrechtecharta ist das Asylrecht als Individualrecht für Drittstaatsangehörige nicht einmal erwähnt worden. Nun ist meiner Meinung nach das Asylrecht am wenigsten dazu geeignet, als Mittel der Einwanderungskontrolle eingesetzt zu werden, und ich werde mich dafür einsetzen, dass das Asylrecht in seinem Ansehen und in seinem Kern gestärkt wird.

Fingerabdrucksdatei

Eurodac soll im Wesentlichen eine zentrale Datenbank sein, an die alle Fingerabdrücke von Asylbewerbern in Mitgliedstaaten sofort übermittelt und verglichen werden. Diese Daten von Asylbewerbern sollen zehn Jahre lang gespeichert werden; die von Ausländern, die beim illegalen Grenzübertritt erwischt werden, zwei Jahre. Die illegale Einreise kann nicht nur direkt an der Grenze festgestellt werden. Auch wenn ein Ausländer später in einem Zug gefunden wird, sollen ihm die Fingerabdrücke abgenommen werden. Fingerabdrücke von Menschen, die sich bereits illegal in einem Land aufhalten, können nach Brüssel gemeldet werden, um feststellen zu lassen, ob sie bereits in einem anderen Staat einen Asylantrag gestellt haben. Ihre Daten werden nicht gespeichert.

Die Eurodac-Stelle, die bei der Kommission in Brüssel angesiedelt sein soll, soll das Land feststellen, in dem ein Ausländer berechtigt ist, seinen Asylantrag zu stellen.

Bis zuletzt war im Parlament strittig, ob, wie von der Kommission vorgeschlagen, bereits ab dem Alter von 14 Jahren Fingerabdrücke abgenommen werden sollen. Nach einer turbulenten Debatte votierten die Abgeordneten für die vom Ausschuss vorgeschlagene Altersgrenze von 18 Jahren. Das Mindestalter von 14 Jahren steht im Widerspruch zu den geltenden internationalen Innenabkommen, begründete der Ausschuss seine Ansicht. Die konservative Fraktion der Europäischen Volkspartei, die die größte Fraktion im Parlament stellt, hatte dafür gestimmt, dass schon von 14-Jährigen Fingerabdrücke genommen werden sollen. Da das Parlament in diesem Gesetzgebungsverfahren nur angehört werden muss, wird davon ausgegangen, dass der Ministerrat das Mindestalter wie geplant bei 14 Jahren belässt.

Der Berichterstatter Hubert Pirker (EVP) sieht in der Verabschiedung seiner Stellungnahme die Bestätigung, endlich ein - wie er meint – „wirksames Instrument im Kontext der Asylpolitik und hier besonders im Hinblick auf den Asylmissbrauch" gefunden zu haben. Auch Hartmut Nassauer (EVP) meinte: „In allen Staaten überwiege die Zahl der Asylbewerber, die aus nicht politischen Gründen um Asyl nachsuchten, die Zahl derjenigen, die aus politischen Gründen geflüchtet seien. Es gäbe Fälle, in denen gleiche Antragsteller in mehreren Staaten Asyl beantragen. Dieses Problem sei zu beherrschen..." Eine Vertreterin der Grünen äußerte allerdings ihre Zweifel an der sozialen Dimension: „...mittels Eurodac würden erst einmal alle Asylsuchenden als Betrüger verdächtigt..."

Aktionspläne für Afghanistan, Albanien, Marokko, Somalia, Sri Lanka und Irak

Hauptziel dieser Aktionspläne ist es, die politische, wirtschaftliche und Menschenrechtssituation in den betroffenen Staaten zu untersuchen und die Ursachen für Flucht oder Auswanderung zu erkunden. Die Aktionspläne enthalten Vorschläge für Maßnahmen der EU, um zu unterschiedlichen Formen der Kooperation mit diesen Staaten zu kommen, meist ohne jegliche finanzielle Auswirkungen, sondern es handelt sich um Maßnahmen auf politischer und diplomatischer Ebene, wie z. B. beim Irak, wo es u. a. um die Aushandlung eines Transitabkommens mit der Türkei gehen soll. Das würde den EU-Mitgliedstaaten gestatten, abgelehnte irakische Asylbewerber auf freiwilliger Basis sowie zwangsweise in den Nordirak zurückzuführen.

Das Europäische Parlament hat den Bericht, verfasst von Hernandes Mollar (EVP), mit großer Mehrheit Ende März 2000 angenommen. Allerdings bedauerte es, dass die Pläne „auch wenn sie als eine Zusammenstellung von Daten und allgemeinen Informationen beachtlich sind, keinen echten gemeinschaftlichen Mehrwert schaffen". Das EP forderte den Rat auf, geeignete Beschlüsse zu fassen, um eine neue Art der politischen Zusammenarbeit mit den ausgewählten Ländern auf der Grundlage der Stärkung des Grundsatzes der Rechtsstaatlichkeit zu ermöglichen". Es meint außerdem, dass es zur völligen Vergemeinschaftung der Politik betreffend Zuwanderung, Asyl und Bekämpfung des Menschenhandels und der illegalen Einwanderung führen muss.

Die Diskussion zu dem Bericht zeigte wieder sehr viele Meinungsverschiedenheiten bei den Abgeordneten.

Ein Vertreter der Konservativen, wie der Brite Hannan, hielt sogar eine Aktion auf Ebene der Europäischen Union in diesem Bereich für nicht notwendig oder sogar negativ. Er bekräftigte, „dass die bilateralen oder multilateralen Abkommen ausreichen und sehr gut funktionieren...".

Einige Abgeordnete forderten, dass das Hauptaugenmerk darauf zu richten sei, wirksame Sanktionen bei Menschenrechtsverletzungen zu schaffen. Ich frage mich aber, wie ein Dialog oder eine Kontaktaufnahme und mit welchen Behörden, z. B. von Afghanistan aussehen soll.

Die Sozialdemokraten wie Anna Terron unterstrichen bei der Debatte, dass „... der Rat für jeden einzelnen Plan, den er mit jedem einzelnen Staat beschließe, das EP anhören müsse. Die Frage sei jedoch, wer für die Umsetzung der Pläne zahlen werde, denn es gäbe keine Haushaltsmittel hierfür." Das war im März. Positiv ist, dass inzwischen eine neue Haushaltslinie „Zusammenarbeit mit Drittländern im Bereich der Migration" (5 Mill. Euro) auf Druck des EP's eingestellt wurde, im Zusammenhang mit dem Bericht von Anna Karamanou zu Albanien.

Der Europäische Flüchtlingsfonds

Das Europäische Parlament befürwortete am 11. 04. 2000 mit der Annahme des Berichtes von Pernille Frahm (KVEL/ NGL) den Vorschlag der Kommission zur Errichtung eines Europäischen Flüchtlingsfonds als Mittel zur Bekämpfung von Fremdenfeindlichkeit, Diskriminierung und Ungleichbehandlung. Erstmals war es für den Haushalt 2000 gelungen, die Mittel für die Flüchtlingspolitik in einer Haushaltslinie zusammenzufassen, die bis dahin in 3 Haushaltslinien zur Aufnahme von Flüchtlingen, zur Integration und für die freiwillige Rückführung aufgesplittert waren.

Die Innenministerrunde einigte sich am 28.09. auf einen Europäischen Flüchtlingsfonds, der bis zum Jahr 2004 mit insgesamt 216 Millionen Euro Aufnahme, Betreuung, aber auch die Rückkehr von Flüchtlingen unterstützen soll. Deutschland soll aus dem Fonds rund 30 Prozent der Mittel erhalten; dies entspricht dem Anteil der Bürgerkriegsflüchtlinge aus dem Kosovo, die im vergangenen Jahr nach Deutschland gekommen waren. In einer Protokollerklärung ließ Staatssekretär Schapper vom Bundesinnenministerium festschreiben, dass mit dem Fonds das Problem einer gerechteren „Lastenteilung" der Flüchtlingsströme zwischen den EU-Partnern nicht erledigt sei. (Wir streiten uns auch um das Wort „Last" im Ausschuss.) Hinsichtlich der Auswahl und der Verwaltung der Aktivitäten im Rahmen dieses Fonds sollten die Mitgliedstaaten die Hauptverantwortung tragen, jedoch in Partnerschaft mit einer Reihe relevanter Einrichtungen einschließlich NRO, Flüchtlingsorganisationen, den Sozialpartnern sowie lokalen und regionalen Behörden tätig werden. Die Entscheidungshoheit für die Auswahl der zu fördernden Projekte soll in erster Linie, jedoch nicht ausschließlich bei den Mitgliedstaaten liegen. Die Kommission wurde aufgefordert, Zwischenberichte zu präsentieren. Bei der Debatte zu diesem Bericht wurden die unterschiedlichen Meinungen der Fraktionen wiederum bei der Integration der Vertriebenen deutlich. Einig waren sich die Abgeordneten nur, dass die finanziellen Mittel unzureichend seien. Die tragischen humanitären Konsequenzen der Ereignisse im Kosovo haben gezeigt, dass ein Instrument für Sofortmassnahmen dringend notwendig ist. Es wurde eine Reserve von 10 Mill. Euro/Jahr eingestellt.

Familienzusammenführung

Die Berichterstatterin zu diesem Vorschlag, Frau Eva Klamt (EVP), war nach der Abstimmung von Änderungsanträgen im Innenausschuss zurückgetreten, nachdem sich abzeichnete, dass die Vorschläge der Konservativen keine Mehrheit fanden.

Im Plenum äußerte sie zu dem Vorschlag der Familienzusammenführung: „Die Kommission vermischt Einwanderung aus wirtschaftlichen Gründen mit Asyl."

Außerdem war Frau Klamt nicht mit der Definition „Familie" einverstanden, die ihr viel zu weit gefasst schien. Sie wollte - auch im Namen ihrer Fraktion - den Begriff „Familie" nur auf die Kernfamilie beschränken und so Eltern, volljährige Kinder und unverheiratete Partner ausschließen. Sie meinte dazu: „Die vorgesehenen weitgefassten Regelungen zum Familiennachzug eröffnen unkontrollierbaren Missbrauch". Herr Pirker, Sprecher der christdemokratischen Fraktion im EP, bezeichnete den Richtlinienentwurf sogar als „Etikettenschwindel". Er unterstellte, dass „die Schlepper, die Dokumentenfälscher werden ihnen das danken, die sie diesen Vorschlag unterstützen, und die Bevölkerung - da können sie sicher sein - wird mit Empörung reagieren."

Die Vertreterin der liberalen Fraktion, Baroness Ludford, meinte: "I am surprised at the stance of the EPP Group, which normally puts a lot of emphasis on family values and yet today is undermining the family by opposing reunification, which will assist the social integration of these legally resident migrants. This seems to us perverse."

Die sozialdemokratische Fraktion des EP (SPE) wertete die Annahme des Berichtes als großen Erfolg. Maria Berger, meine österreichische Kollegin, als Verfasserin der Stellungnahme des mitberatenden Ausschusses für Recht und Binnenmarkt hob hervor: „Das Recht auf Achtung des Familienlebens ist ein universelles Menschenrecht. Es ist nicht teilbar und kann nicht Unionsbürgern allein vorbehalten werden."

Für die neue Gesetzgebung stimmten 323 Abgeordnete, dagegen 212 Abgeordnete der Konservativen und der extremen Rechten.

Die Sozialdemokraten begrüßen die neue Gesetzgebung, da sie von einem offenen und liberalen Ansatz zeugt und den humanitären Geist des Vorschlags von EU-Kommissar Antonio Vitorino übernimmt.

Im Moment gibt es allein 25 Initiativen von Ratspräsidentschaften, die zusätzlich im Ausschuss behandelt werden, zwei davon sind für das Thema, was wir heute hier behandeln, wichtig.

Initiative Frankreichs zu einer Richtlinie zur Definition der Beihilfe zur illegalen Einreise sowie zum unerlaubten Aufenthalt und deren Bekämpfung

Der Berichterstatter Ozan Ceyhun (Grüne), der selbst vor 20 Jahren auf verschlungenem Wege aus der Türkei nach Deutschland kam, fasst in seinem Berichtsentwurf für den Innenausschuss in seiner Definition der strafbaren Handlung Folgendes zusammen:

Der Richtlinienvorschlag entspricht nicht der Notwendigkeit einer deutlichen Unterscheidung zwischen den unbedingt zu bekämpfenden Vorgehensweisen organisierter Netze von Menschenhändlern und der humanitären Hilfe, die natürliche oder juristische Personen gutgläubig leisten. Es wäre ungerecht, diesen Menschen strafbare Handlungen anzulasten, beispielsweise die von den Kirchen oder anderen Vereinigungen geleistete Hilfe beim illegalen Aufenthalt von Immigranten.

Die zu diesem Zweck vorgeschlagenen Änderungsanträge des Berichterstatters erläutern die strafbare Handlung besser und betonen den wesentlichen Aspekt der strafbaren Handlung, nämlich die von den Schleppern betriebene Erlangung eines Vermögensvorteils. Darauf wird im übrigen schon in

Artikel 27 des Schengener Übereinkommens hingewiesen. Es ist von grundlegender Bedeutung, zu unterscheiden zwischen der von natürlichen oder juristischen Personen geleisteten selbstlosen Beihilfe, die straffrei bleiben muss, und derjenigen durch kriminelle Banden, die energisch bestraft werden muss.

Ceyhun verlangt in einem besonderen Artikel, die spezifische Verantwortung der Arbeitgeber von illegalen Immigranten strafrechtlich zu ahnden. Auf jeden Fall sollten nicht die illegalen Arbeitnehmer verfolgt werden, erst recht nicht, wenn man bedenkt, mit welchen Schwierigkeiten Menschen ohne Aufenthalts- und Arbeitserlaubnis um ihr Überleben kämpfen.

Eine sinnvolle Verstärkung der Bekämpfung der Beihilfe zur illegalen Einreise müsste, um wirklich wirksam zu sein, von einer verstärkten justiziellen und polizeilichen Zusammenarbeit, sowohl im Rahmen von Europol als auch im Rahmen von Eurojust begleitet werden.

Diese repressiven Maßnahmen stellen dabei allerdings nur einen Aspekt einer umfassenden europäischen Immigrationspolitik dar. Die illegale Einreise wird nämlich nur dann wirksam in den Griff zu bekommen sein, wenn in den Drittländern, die die Ursprungs- und Transitländer dieser illegalen Immigrationsbewegungen sind, eine justitielle Zusammenarbeit möglich sein wird, die darauf ausgerichtet ist, dass diese strafbaren Handlungen gleichermaßen strafrechtlich verfolgt werden. Darüber hinaus sollten in diesen Ländern Informationskampagnen über die Gefahren der illegalen Einreise durchgeführt werden.

Ozan Ceyhan geht mit diesem Thema wesentlich nuancierter um, als es der vorliegende Text der französischen Initiative tut, und daran sehen Sie, wie wichtig es ist, dass die Abgeordneten konsultiert werden, natürlich wäre eine Mitentscheidung noch besser.

Gemeinsame Entschließung des Europäischen Parlaments zu Dover

Das Europäische Parlament
- fordert den Rat dringend auf, Schritte zu unternehmen, um die Migration zu regulieren und insbesondere die kriminellen Organisationen zu

bekämpfen, die Menschenhandel betreiben, obwohl in Artikel 63 EGV ein Fünfjahreszeitraum für die Annahme gemeinsamer Rechtsvorschriften im Bereich der Zuwanderung vorgesehen ist;

- weist den Rat auf seine auf dem Europäischen Rat von Tampere vom 15. und 16. Oktober 1999 eingegangene Verpflichtung hin, derzufolge die Europäische Union eine gemeinsame Asyl- und Zuwanderungspolitik ausarbeiten muss; dabei ist der Notwendigkeit Rechnung zu tragen, an den Außengrenzen kohärente und effiziente Kontrollen durchzuführen, um die illegale Einwanderung zu unterbinden; fordert den französischen Vorsitz auf, diese Frage als Dringlichkeit in ihr Arbeitsprogramm aufzunehmen;

- fordert alle beteiligten Stellen auf, die Zusammenarbeit zwischen Europol und den nationalen Behörden, insbesondere in bezug auf den schnellen Austausch von Informationen, zu verbessern und sicherzustellen, dass Europol mit allen finanziellen Mitteln und Humanressourcen ausgestattet ist, die für die Bekämpfung des Menschenhandels erforderlich sind;

- weist darauf hin, dass die Festlegung gemeinschaftlicher Rechtsvorschriften in den Bereichen Asyl und Zuwanderung nicht unabhängig von der Schaffung eines Raumes der Freiheit, der Sicherheit und des Rechts in der Union erfolgen kann, auf dessen Grundlage es auch möglich wird, die demokratischen Werte und die Rechtsstaatlichkeit jenseits der Grenzen der Union zu fördern;

- betont die große Verantwortung der Botschaften in den Herkunftsländern in bezug auf die erste Entscheidung über Visaanträge; fordert eine stärkere Konsultation zwischen den europäischen Botschaftern in den Ländern, aus denen viele illegale Einwanderer stammen, und fordert diese Botschaften dringend auf, Informationskampagnen durchzuführen, in denen die Menschen vor den Gefahren des Menschenhandels gewarnt werden;

- fordert die Mitgliedstaaten auf, als Instrument zur Bekämpfung der Beschäftigung von illegalen Einwanderern ihre Gesetze zu verschärfen, damit die Arbeitgeber strenger bestraft werden können;

- fordert den Rat und die Kommission auf, spezifische Vorschläge auszuarbeiten, um die Eingliederung der legalen Einwanderer in der Europäischen Union auf der Grundlage der bewährtesten Modelle der Mitgliedstaaten zu verbessern.

Jan Niessen

Die Europäische Union und der Kampf gegen den Rassismus nach dem Vertrag von Amsterdam

1. Die Rechtsgrundlage für die Bekämpfung rassischer Diskriminierung

Der Vertrag von Amsterdam hat den europäischen Institutionen beträchtliche Befugnisse verliehen, gegen Diskriminierung aus Gründen der Rasse vorzugehen.

Erstens ermächtigt Artikel 13 des EG-Vertrags die Institutionen, geeignete Maßnahmen zu ergreifen, um Diskriminierung Einhalt zu gebieten. Trotz aller Einschränkungen stellt Artikel 13 im Vergleich zu dem alten Vertragswerk, in dem eine solche Rechtsgrundlage nicht existierte, einen großen Fortschritt dar. Er verleiht den Gemeinschaftsinstitutionen das Recht, Diskriminierungen aus Gründen des Geschlechts, der Rasse, der ethnischen Herkunft, der Religion oder der Weltanschauung, einer Behinderung, des Alters oder der sexuellen Ausrichtung zu bekämpfen.

Die Starting Line Group hätte die Aufnahme verschiedener Artikel vorgezogen, die sich mit den unterschiedlichen und spezifischen Gründen für Diskriminierung befassen (z.B. ein Artikel über Diskriminierung wegen des Geschlechts, der Rasse [zusammen mit Religion], einer Behinderung, des Alters und der sexuellen Ausrichtung). Der Artikel zu rassischer und ethnischer Diskriminierung hätte Diskriminierung aus Gründen der Rasse, Hautfarbe, Religion und der nationalen, sozialen oder ethnischen Herkunft mit einschließen sollen, wie im eigenen Vorschlag der Starting Line Group, dem Starting Point, angeregt.

Zweitens enthält Titel IV des EG-Vertrags verschiedene Artikel, die eine Rechtsgrundlage für rechtliche und andere Maßnahmen zur Förderung einer Gleichbehandlung von Drittstaatsangehörigen und EU-Bürgern bieten. Es handelt sich um Artikel 62 (1) über Kontrollen an den Binnengrenzen, Artikel 62 (1) über die Reisefreiheit von Staatsangehörigen dritter Länder, Artikel 63 (3) a über Einreise- und Aufenthaltsvoraussetzungen, die Erteilung von Visa für einen langfristigen Aufenthalt und Aufenthaltstitel, einschließlich solcher zur Familienzusammenführung, Artikel 63 (3) b über illegale Migranten und Artikel 63 (4) über Rechte und Bedingungen, aufgrund derer sich Staatsangehörige dritter Länder, die sich rechtmäßig in einem Mitgliedstaat aufhalten, in anderen Mitgliedstaaten aufhalten dürfen.

Artikel 137 (4) bietet eine Rechtsgrundlage für Maßnahmen im Hinblick auf Beschäftigungsbedingungen der Staatsangehörigen dritter Länder, die sich rechtmäßig im Gebiet der Gemeinschaft aufhalten.

Die Schlussfolgerungen der Präsidentschaft des Europäischen Rats von Tampere fordern unter Hinweis auf Titel IV die faire Behandlung von Staatsangehörigen dritter Länder sowie Rechte, die denen der EU-Bürger vergleichbar sind. Dieses EU-Programm sollte natürlich ehrgeiziger sein und die Gleichbehandlung fördern. Auf der Grundlage von Titel IV könnten die Institutionen der Europäischen Union diesbezügliche Vorschläge verabschieden und damit die Diskriminierung von Drittstaatsangehörigen auf Gebieten wie Freizügigkeit und Familienzusammenführung beseitigen. Zur Unterstützung der europäischen Institutionen haben wir teilweise als Fortsetzung des Starting Line-Vorschlags eine Reihe neuer Vorschläge für Richtlinien in diesen Bereichen ausgearbeitet. Wir hoffen, dass diese Vorschläge die Unterstützung zahlreicher staatlicher Organisationen und Nichtregierungsorganisationen finden.[63]

Drittens verbietet Artikel 12 des EG-Vertrags jede Diskriminierung aus Gründen der Staatsangehörigkeit. Die von den Regierungen der Mitgliedstaaten akzeptierte Auslegung dieser Klausel bezieht sich nur auf die Staatsangehörigkeit in einem der Mitgliedstaaten. Interessanterweise spricht Artikel 12 von einem Verbot der Diskriminierung *im Anwendungsbereich dieses Vertrags*. Durch die Aufnahme von Titel IV in den EG-Vertrag wurde der Bereich erweitert und beinhaltet jetzt auch Fragen im

---

[63] The Amsterdam Proposals. Die von der ILPA (Immigration Law Practitioners' Association) und der MPG (Migration Policy Group) unterbreiteten Vorschläge für Richtlinien zu Einwanderung und Asyl (Brüssel/London 2000). Diese Veröffentlichung und eine Zusammenfassung in englischer, französischer und deutscher Sprache können von der MPG-Webseite heruntergeladen werden (www.migpolgroup.com).

Zusammenhang mit Einreise, Aufenthalt und der Gleichbehandlung von Staatsangehörigen dritter Länder. Beim Entwurf des Vertrags von Amsterdam wurde dies möglicherweise übersehen, und die Juristen müssen wahrscheinlich prüfen, in welchem Ausmaß sich Artikel 12 jetzt auch auf Staatsangehörige dritter Länder bezieht. Er sollte wohl zumindest bedeuten, dass die Diskriminierung unter verschiedenen Gruppen von Staatsangehörigen dritter Länder verboten ist und dass die Benachteiligten eine Gleichbehandlung mit denjenigen Staatsangehörigen dritter Länder erfahren, die bevorzugt behandelt werden. In dieser Hinsicht schlage ich vor, dass wir einerseits die Juristen und Rechtsabteilungen der EU zu Rate ziehen und andererseits die Möglichkeiten sondieren, bei einem klaren Fall von Diskriminierung eines Staatsangehörigen dritter Länder ein Gerichtsverfahren einzuleiten.

2. Die Anti-Rassismusrichtlinie

Der EU-Kommission gebührt Lob für den Umgang mit ihren neuen Befugnissen. Im selben Jahr, in dem der Vertrag von Amsterdam in Kraft trat, legte sie unter anderem einen Vorschlag für eine Richtlinie über Diskriminierung aus Gründen der Rasse vor. Auf Ersuchen des Europäischen Parlaments prüfte die EU-Kommission sorgfältig den Starting Line-Vorschlag, während sie ihren eigenen Vorschlag ausarbeitete. Der im Juni 2000 vom Rat angenommene Vorschlag mag schwächer sein als die von der Starting Line-Koalition unterbreiteten, befasst sich aber dennoch mit zahlreichen, von nichtstaatlichen Akteuren vorgetragenen Belangen. Dazu zählen insbesondere die folgenden:

- Die Richtlinie des Rates zur Anwendung des Gleichbehandlungsgrundsatzes ohne Unterschied der Rasse oder der ethnischen Herkunft – nachfolgend kurz Anti-Rassismusrichtlinie genannt - verbietet mittelbare und unmittelbare Diskriminierung sowie Belästigung, Viktimisierung und die Erteilung von Anweisungen zur Diskriminierung.

- Der Geltungsbereich der Richtlinie umfasst Zugang zu Erwerbstätigkeit, Beschäftigung und Arbeitsbedingungen, jede Art von Berufsausbildung, Mitgliedschaft in Berufsorganisationen, Sozialschutz einschließlich Gesundheitsdiensten, soziale Vergünstigungen, Bildung sowie Zugang zu der Öffentlichkeit zur Verfügung stehenden Gütern und Dienstleistungen, einschließlich von Wohnraum.

- Die Anti-Rassismusrichtlinie gestattet positive Maßnahmen.

- Die Anti-Rassismusrichtlinie verpflichtet die Mitgliedstaaten zum Erlass von Rechts- und Verwaltungsvorschriften, die zur Durchsetzung der in der Richtlinie enthaltenen Bestimmungen erforderlich sind, und gestattet nichtstaatlichen Akteuren gerichtliches Vorgehen im Falle von Diskriminierung.

- Die Beweislast wird gleichberechtigter zwischen dem Opfer von Rassismus und dem Beklagten aufgeteilt.

Dank der schnellen Reaktion des Europäischen Parlaments konnten die Verhandlungen zwischen den Mitgliedstaaten vor dem Ende der portugiesischen Präsidentschaft abgeschlossen werden, wobei die Situation Österreichs sehr förderlich war. Die 14 Mitgliedstaaten konnten einfach nicht die Annahme der Anti-Rassismusrichtlinie blockieren, solange sie die Sanktionen gegen Österreich aufrechterhielten. Österreich konnte sich aus dem einfachen Grund keinen Widerstand gegen die Richtlinie leisten, weil dieses Land der Welt beweisen musste, dass seine Menschenrechtsbilanz genauso gut war wie die jedes anderen Mitgliedstaats.

Eine äußerst wichtige Empfehlung des Europäischen Parlaments zur Stärkung der Anti-Rassismusrichtlinie wurde im endgültigen Text aufgenommen, nämlich die den Nichtregierungsorganisationen zugewiesene Rolle bei der Überwachung der Umsetzung der Richtlinie. Dies kann als Anerkennung der bedeutenden Rolle angesehen werden, die die Nichtregierungsorganisationen im Kampf gegen den Rassismus übernehmen und bereits seit nahezu zehn Jahren durch die Forderung nach gesetzgeberischen Maßnahmen der Gemeinschaft spielen. Diese Anerkennung beinhaltet auch eine Verpflichtung: Die Nichtregierungsorganisationen müssen ihre Rolle weiterhin übernehmen, insbesondere im Hinblick auf die Umsetzung der Gemeinschaftsgesetzgebung in nationale Gesetze und Praktiken der Mitgliedstaaten, der Beitrittskandidaten und der Türkei als assoziiertem Mitglied.

3. Die Anti-Rassismusrichtlinie und die Gesetze der Mitgliedstaaten

Die Anti-Rassismusrichtlinie muss bis Juli 2003 in die nationale Gesetzgebung der Mitgliedstaaten aufgenommen werden. Dieser Prozess setzt die aktive Beteiligung der EU-Kommission, des Europäischen Parlaments und der europäischen nichtstaatlichen Akteure einerseits sowie der nationalen Parlamente und nationalen nichtstaatlichen Akteure andererseits voraus.

- Die EU-Kommission wird zweifelsohne eine wesentliche Rolle bei der Umsetzung der Richtlinie spielen und die einheitliche Übertragung aller in der Richtlinie enthaltenen Bestimmungen ermöglichen. Das Europäische Parlament kann regelmäßige Fortschrittsberichte anfordern. Derartige Berichte könnten Hinweise darauf geben, wo die Umsetzung auf Probleme stößt und was zu ihrer Beseitigung erforderlich ist. Nichtstaatliche Akteure auf europäischer Ebene könnten den gesamten Prozess überwachen und Informationen zwischen ihren jeweiligen Wahlkreisen austauschen. Es könnte ein gezielter Austausch über im Zusammenhang mit Anpassungen an nationale Gesetzgebung stehende spezifische Fragen organisiert werden. Beispielsweise verlangt die Anti-Rassismusrichtlinie von den Mitgliedstaaten die Ernennung einer oder mehrerer mit der Förderung der Gleichbehandlung befasster Stellen. Einige Mitgliedstaaten haben mit diesbezüglichen Organen bereits Erfahrungen gemacht, von denen andere Mitgliedstaaten, die diese Stellen erst noch einrichten müssen, profitieren könnten.

- Auf nationaler Ebene sollen nationale Parlamente und nichtstaatliche Akteure die Umsetzung überwachen. Die nationalen Parlamente könnten klare Richtlinien im Hinblick darauf geben, wie und innerhalb welchen Zeitrahmens die Anti-Rassismusrichtlinie in nationales Recht umgesetzt wird. Ferner sollten sie regelmäßig über die hierbei erzielten Fortschritte informiert werden. Die Migration Policy Group stellt in Zusammenarbeit mit der Europäischen Stelle zur Beobachtung von Rassismus und Fremdenfeindlichkeit eine Studie über einen Vergleich der Bestimmungen der Anti-Rassismusrichtlinie mit der Gesetzgebung in den 15 Mitgliedstaaten fertig. Sie wird aufzeigen, was die einzelnen Mitgliedstaaten zur Einhaltung der Anti-Rassismusrichtlinie leisten müssen. Die Studie könnte für staatliche und nichtstaatliche Akteure gleichermaßen ein hilfreiches Instrument sein.

- Der gesamte Prozess bietet den Nichtregierungsorganisationen die Möglichkeit, die Regierungen aufzufordern, über die in der Anti-Rassismusrichtlinie festgelegten Bestimmungen hinauszugehen. Die Richtlinie stellt zu Recht fest, dass es den Mitgliedstaaten frei steht, ein höheres Maß an Schutz vor Rassismus vorzuschreiben. Die Anti-Rassismusrichtlinie ist eindeutig ein Kompromiss. Manche Mitgliedstaaten werden bei verschiedenen Bestimmungen das Schutzniveau erhöhen wollen. Aus diesem Grund bereiten wir ein Papier vor, das den vom Europäischen Parlament und 400 Organisationen aus der gesamten Gemeinschaft unterstützten Starting Line-Vorschlag mit der Anti-Rassismusrichtlinie vergleicht. Dieses Papier wird klare Hinweise darauf geben, bei welchen Bestimmungen die nationale Gesetzgebung im Vergleich zu den in der Anti-Rassismusrichtlinie enthaltenen Erfordernissen gestärkt werden muss.

- Staatliche und nichtstaatliche Akteure können sich bereits auf die Zeit vorbereiten, in der die Anti-Rassismusrichtlinie in nationale Gesetzgebung umgesetzt worden ist. Einrichtungen, die Hüter der Gesetze eines Landes sind (Polizei, Richter) und solche, die den Opfern von Diskriminierung Beistand leisten könnten (Anwälte, Gewerkschaften, Arbeitgeber, NROs) sollten in der Anwendung und der richtigen Nutzung der Anti-Diskriminierungsgesetzgebung unterwiesen werden. Eine Informationskampagne zur Erweiterung des Bewusstseins für die Existenz und Inhalte der Anti-Rassismusrichtlinie sollte insbesondere die Opfer von Rassismus zum Ziel haben.

Ein ähnliches Aktionsprogramm muss mit allen relevanten Beteiligten in den Beitrittskandidatenstaaten durchgeführt werden. Zu diesem Zweck ist eine Stärkung der Partnerschaften zwischen staatlichen und nichtstaatlichen Akteuren in der Europäischen Union, den Beitrittskandidaten und der Türkei vonnöten.

Referenten, Tagungs- und Diskussionsleitung

Renate Faerber-Husemann, Journalistin, Bonn

Margot Kessler, MdEP, Ausschuss für die Freiheiten und Rechte der Bürger, Justiz und innere Angelegenheiten, Brüssel

Dr. Ursula Mehrländer, Leiterin der Abteilung Arbeit und Sozialpolitik, Friedrich-Ebert-Stiftung, Bonn

Jan Niessen, Migration Policy Group, Brüssel

Günther Schultze, Abt. Arbeit und Sozialpolitik, Friedrich-Ebert-Stiftung, Bonn

Prof. Dr. Klaus Sieveking, Zentrum für Europäische Rechtspolitik, Universität Bremen

Floriana Sipala, European Commission, Directorate-General Justice and Home Affairs, Brüssel

Dr. Cornelie Sonntag-Wolgast, MdB, Parlamentarische Staatssekretärin im Bundesministerium des Innern, Berlin

Reihe „Gesprächskreis Arbeit und Soziales"

Nr. 1	Ausländer im vereinten Deutschland – Perspektiven der Ausländerpolitik (vergriffen)
Nr. 2	Industriebetriebe an der Schwelle zur Marktwirtschaft (vergriffen)
Nr. 3	Zuwanderungspolitik der Zukunft (vergriffen)
Nr. 4	Modernes Management in Unternehmen der alten und neuen Bundesländer (vergriffen)
Nr. 5	Zukunft des Gesundheitswesens in den neuen Bundesländern (vergriffen)
Nr. 6	Multikulturelle Gesellschaft – Der Weg zwischen Ausgrenzung und Vereinnahmung? (vergriffen)
Nr. 7*	Ursula Mehrländer, Günther Schultze Einwanderungskonzept für die Bundesrepublik Deutschland – Fakten, Argumente, Vorschläge (vergriffen)
Nr. 8	Zukunft sozialer Einrichtungen und sozialer Dienste in den neuen Bundesländern (vergriffen)
Nr. 9	Sicherung des Gesundheitswesens in den 90er Jahren (vergriffen)
Nr. 10	Branchenentwicklungen und Handlungsperspektiven betrieblicher Interessenvertreter in den neuen Bundesländern (vergriffen)
Nr. 11	Der ostdeutsche Maschinenbau – Wege zur internationalen Wettbewerbsfähigkeit (vergriffen)
Nr. 12	Flüchtlingsbewegungen und das Recht auf Asyl (vergriffen)
Nr. 13	Verzahnung von Arbeitsmarkt-, Regional- und Wirtschaftspolitik – Eine dringende Aufgabe in den neuen Bundesländern (vergriffen)
Nr. 14	Einwanderungsland Deutschland: Bisherige Ausländer- und Asylpolitik – Vergleich mit europäischen Ländern (vergriffen)

Nr. 15	Fremdenfeindlichkeit und Gewalt – Ursachen und Handlungsperspektiven (vergriffen)
Nr. 16	Veränderung des Arbeitsschutzrechtes in der Bundesrepublik Deutschland (vergriffen)
Nr. 17	Gesundheitsstrukturgesetz – Geeignet zur Lösung der Probleme im Gesundheitswesen? (vergriffen)
Nr. 18	Neue Ansätze in der Arbeitsmarktpolitik – Ist ein Gesamtkonzept für die neuen und alten Bundesländer erforderlich? (vergriffen)
Nr. 19	Deutsche und Polen – Zwischen Nationalismus und Toleranz (vergriffen)
Nr. 20	Betriebliche Gesundheitspolitik auf dem Prüfstand – Sind neue Konzepte für alternde Belegschaften erforderlich? (vergriffen)
Nr. 21	Entstehung von Fremdenfeindlichkeit – Die Verantwortung von Politik und Medien (vergriffen)
Nr. 22	Partizipationschancen ethnischer Minderheiten – Ein Vergleich zwischen Großbritannien, den Niederlanden und der Bundesrepublik Deutschland (vergriffen)
Nr. 23*	Fremdenfeindlichkeit und Rassismus – Herausforderung für die Demokratie (vergriffen)
Nr. 24	Gesundheitspolitik in Unternehmen der neuen Bundesländer (vergriffen)
Nr. 25	Weiterentwicklung der Behindertenpolitik in Deutschland (vergriffen)
Nr. 26	Das duale System der Berufsausbildung in der Sackgasse? – Modernisierungsdruck und Reformbedarf (vergriffen)
Nr. 27	Den Zweiten Arbeitsmarkt fördern – Ein ökonomisch und sozial tragfähiges Konzept? (vergriffen)
Nr. 28	Ausbildung und Beschäftigung – Übergänge an der zweiten Schwelle (vergriffen)
Nr. 29	Chancengleichheit für ausländische Jugendliche (vergriffen)

Nr. 30	Privatisierung von Gesundheitsleistungen – Die soziale Krankenversicherung auf Abwegen (vergriffen)
Nr. 31	Einwanderungspolitik Kanadas und der USA – Beispiele für die Bundesrepublik Deutschland? (vergriffen)
Nr. 32	Von der Ausländer- zur Einwanderungspolitik (vergriffen)
Nr. 33	Verzahnung von Arbeitsmarkt- und Arbeitszeitpolitik – Mehr Weiterbildung bei veränderten Arbeitszeiten? (vergriffen)
Nr. 34	Minderheiten- und Antidiskriminierungspolitik: Alternative zur Integration? (vergriffen)
Nr. 35	Ost-West-Migration – Fluchtursachen und Handlungsperspektiven (vergriffen)
Nr. 36	Soziale Sicherung auf dem Prüfstand – Gerät die Rentenversicherung ins Wanken? (vergriffen)
Nr. 37	Gesundheitsstrukturgesetz – Bilanz und Perspektiven (vergriffen)
Nr. 38	Der Berliner Arbeitsmarkt im Umbruch (vergriffen)
Nr. 39	Bedeutung des demographischen Wandels – Frauenerwerbstätigkeit, Zuwanderung (vergriffen)
Nr. 40	Bedeutung des demographischen Wandels – Erwerbsarbeit, Berufliche Qualifizierung, Weiterbildung (vergriffen)
Nr. 41	Zukunft der Pflege – Zukunft der Pflegeberufe (vergriffen)
Nr. 42	Berufsausbildung in den neuen Bundesländern (vergriffen)
Nr. 43	Antisemitismus und Fremdenfeindlichkeit: Herausforderung für die Demokratie (vergriffen)
Nr. 44*	Medizinische und gesellschaftspolitische Herausforderung: Alzheimer Krankheit – Der langsame Zerfall der Persönlichkeit (vergriffen)
Nr. 45	Europäische Einwanderungspolitik (vergriffen)
Nr. 46	Beschäftigungsfelder der Zukunft – personenbezogene Dienstleistungen (vergriffen)

Nr. 47 Brauchen wir eine neue AIDS-Politik? (vergriffen)

Nr. 48 Umbau oder Abbau des Sozialstaates? Behindertenhilfe vor neuen Herausforderungen (vergriffen)

Nr. 49 Beschäftigungsfelder der Zukunft – Ökobranche – (vergriffen)

Nr. 50* Einwanderungskonzeption für die Bundesrepublik Deutschland (vergriffen)

Nr. 51* Interkulturelles Lernen – Basis kommunaler Ausländerarbeit (vergriffen)

Nr. 52* Die Wiedergeburt des nationalistischen Denkens – Gefahr für die Demokratie – (vergriffen)

Nr. 53 Harmonisierung der Rentenversicherungssysteme – Sprengen Pensionslasten die Staatskasse? (vergriffen)

Nr. 54* Der gesellschaftliche Umgang mit Sterben und Tod – Humane, medizinische und finanzielle Aspekte – (vergriffen)

Nr. 55* Die dritte Generation: Integriert, angepasst oder ausgegrenzt? (vergriffen)

Nr. 56* Arbeitsmarkt- und beschäftigungspolitische Bedeutung einer ökologischen Steuerreform (vergriffen)

Nr. 57* Wirtschaftsstandort Neue Bundesländer – Bildungsstandort Neue Bundesländer: Brauchen wir eine neue Ausbildungskultur? (vergriffen)

Nr. 58* Sozialreform und Zukunft der Sozialhilfe (vergriffen)

Nr. 59* Weiterentwicklung der Gesundheitsreform (vergriffen)

Nr. 60* Finanzielle Steuerung im Gesundheitswesen – Die Auswirkungen der Bundespflegesatzverordnung im Krankenhausbereich (vergriffen)

Nr. 61* Wettbewerb der Krankenkassen (vergriffen)

Nr. 62* Ethnisierung gesellschaftlicher Konflikte (vergriffen)

Nr. 63* Reform ambulant-ärztlicher Honorierung – Finanzielle Auswirkungen im Gesundheitswesen (vergriffen)

Nr. 64* Wohlfahrtsverbände in Deutschland – Auslauf- oder Zukunftsmodell? (vergriffen)

Nr. 65* Modernisierungsbedarf und Innovationsfähigkeit der beruflichen Bildung (vergriffen)

Nr. 66* Qualität und Wirtschaftlichkeit medizinischer Versorgung (vergriffen)

Nr. 67* Schutz für Flüchtlinge und Asylsuchende – Aktuelle Entwicklungen des Asylrechts (vergriffen)

Nr. 68* Gesellschaft des langen Lebens: Sozialgeschichte und Gesellschaftspolitik (vergriffen)

Nr. 69* Integration und Konflikt – Kommunale Handlungsfelder der Zuwanderungspolitik (vergriffen)

Nr. 70* Globalisierung der Wirtschaft, Standortwettbewerb und Mitbestimmung (vergriffen)

Nr. 71* Mitbestimmung in Klein- und Mittelbetrieben

Nr. 72* Identitätsstabilisierend oder konfliktfördernd? Ethnische Orientierungen in Jugendgruppen (vergriffen)

Nr. 73* Bündnis für Arbeit in der Kommune – Chance oder Utopie? (vergriffen)

Nr. 74* Sterben als Teil des Lebens – Humane Sterbebegleitung als gesellschaftliche Herausforderung – Ein internationaler Dialog – (vergriffen)

Nr. 75* Wirtschaftspolitik im Zeichen von Globalisierung und Arbeitslosigkeit (vergriffen)

Nr. 76* Neue Formen der Arbeitskräftezuwanderung und illegale Beschäftigung (vergriffen)

Nr. 77* Arbeitsplätze zwischen Markt und Staat (vergriffen)

Nr. 78* Förderung der Beschäftigung von Geringqualifizierten in Deutschland vor dem Hintergrund der Erfahrungen in Frankreich, den Niederlanden und Schweden (vergriffen)

Nr. 79* Konsequenzen der Pflegeversicherung für die Pflegeberufe (vergriffen)

Nr. 80* Wachstumsmotor Alter(n): Lebensstile - Kaufkraft - Konsum (vergriffen)

Nr. 81* Ethnische Konflikte und Integrationsprozesse in Einwanderungsgesellschaften (vergriffen)

Nr. 82* Mitbestimmung und Beteiligung: Modernisierungsbremse oder Innovationsressource?

Nr. 83* Globalisierung und nationale Sozialpolitik (vergriffen)

Nr. 84* Deutsch sein und doch fremd sein - Lebenssituation und -perspektiven jugendlicher Aussiedler (vergriffen)

Nr. 85* Ghettos oder ethnische Kolonien? Entwicklungschancen von Stadtteilen mit hohem Zuwandereranteil (vergriffen)

Nr. 86* Perspektiven der neuen Aussiedlerpolitik (vergriffen)

Nr. 87* Modernisieren ohne auszuschließen: Quartiersentwicklung zur Verhinderung einer städtischen Unterschicht (vergriffen)

Nr. 88* New Deal im Arbeitsrecht?

Nr. 89* Bekämpfung der Arbeitslosigkeit - Gemeinsame Aufgabe - Neue Konzepte (vergriffen)

Nr. 90* Rechtsextremismus und Fremdenfeindlichkeit im vereinten Deutschland: Erscheinungsformen und Gegenstrategien (vergriffen)

Nr. 91* Integration und Integrationsförderung in der Einwanderungsgesellschaft (vergriffen)

Nr. 92* Qualitätssicherung in der Pflege (vergriffen)

Nr. 93* Europäisch denken - vor Ort handeln. Perspektiven lokaler Beschäftigungspolitik (vergriffen)

Nr. 94 Neue Wege der Aussiedlerintegration: Vom politischen Konzept zur Praxis

Nr. 95 Moderne Zeiten: Arbeitszeitflexibilität durch Arbeitszeitkonten

Nr. 96 Rentenpolitik in Europa (vergriffen)

Nr. 97 Europäische Einwanderungs- und Flüchtlingspolitik

Die nicht vergriffenen Broschüren sind kostenlos zu beziehen bei:
Friedrich-Ebert-Stiftung
Abt. Arbeit und Sozialpolitik

D–53170 Bonn

Die mit einem „" versehenen Broschüren sind abrufbar über das Internet.*

Adresse:
http://www.fes.de
Seite: Bibliothek
Seite: Digitale Bibliothek
Reihe: Gesprächskreis Arbeit und Soziales